동시대 경제학바이블

효용의
시대가 온다

효용의
시대가 온다

ⓒ 이석민, 2021

초판 1쇄 발행 2021년 9월 10일

지은이   이석민
펴낸이   이기봉
편집   좋은땅 편집팀
펴낸곳   도서출판 좋은땅
주소   서울 마포구 성지길 25 보광빌딩 2층
전화   02)374-8616~7
팩스   02)374-8614
이메일   gworldbook@naver.com
홈페이지 www.g-world.co.kr

ISBN   979-11-388-0172-0 (03320)

ECONOMICS

동시대 경제학바이블

효용의
시대가 온다

이석민 지음

BIBLE

비경제학자가 말하는 경제학바이블

좋은땅

우리는 길을 잃었다. 경제적인 부 그리고 GDP의 경제 성장률이 모든 사람들을 행복하게 하리라고 굳게 믿었고 한국은 많은 경제 성장을 이루었다. 하지만 시간이 흘러 대다수의 많은 지표들이 허구라는 사실을 알게 되었다. 많은 국가에서 증권업과 금융업은 더더욱 많은 돈을 벌며 GDP의 중요한 위치를 차지하게 되었지만 우리가 정작 의지해야 하는 의료와 사회복지기능은 수가 조정과 의약 분업 등으로 오히려 GDP에서 차치하는 비중이 더 낮아졌다.

하지만 해외에서 살아 보면 우리나라의 높은 의료 수준과 의료 서비스 대비 가격은 해외의 많은 교포들이 노후를 한국에서 보내고 싶어 하는 가장 큰 이유 중에 하나가 될 정도로 경쟁력이 있는 분야이다. 우리가 한국에서 살면서 행복한 이유는 금융자본들의 무차입 공매도, 무자본 M&A, 정부와 결탁해서 독점적인 위치를 얻어서 막대한 이윤을 만들어 내는 비리 기업들 때문이 아니다. 그러나 GDP상으로는 정부와 결탁해서 경쟁력이 없는 외국의 저렴한 소프트웨어를 국가기관들에 강매한다면 해당 기업의 거래 행위는 고부가가치를 창조하는 거래로 GDP에 큰 증가를 가져온다.

한국의 의료 산업과 같이, 보이지 않지만 높은 효용이 있는 산업의 사회적인 가치를 어떻게 파악할 수 있을까? 파악할 수 없다면 어떻게 보다 효용이 높은 사회가 될 수 있을까? 어떻게 효용은 국가를 발전시키는가?

우선 나는 경제학 전공자도 철학 전공자도 아니지만 세계 금융시장 근처에서 15년 넘게 근무하면서 세계 경제와 효용 그리고 4차 산업 혁명이 가져올 미래 그리고 그 뒤편에 있을 세상에 대해서 생각해 볼 기회가 많이 있었다. 그리고 이와 같은 생각을 보다 많은 사람들과 공유하고 싶은 마음에 글을 쓰게 되었다.

인간은 기본적으로 이기적이며 사익(私益)을 추구하게 되어 있다. 만약 그 이기심이 공익(共益)과 반(半)하는 경우에는 공동체와 사익(私益)에 대한 개개인의 인식이 더욱더 중요해지게 된다. 많은 사람들이 국익과 공익을 혼돈하거나 '공익을 위해서 사익은 희생되어도 된다.'라고 생각하거나 공익에 반하더라도 사익의 추구는 정당하다고 하는 인식 등이 그러하다. 일본의 제국주의, 대한민국의 군사독재, 그리고 요즘 이슈가 되고 있는 LH사태 등과 같이 국익 또는 공익으로 알고 있었던 많은 일들이 공익이라는 미명하에 자신들의 조직과 자신들의 위치를 위해서 포장된 것은 아닐까?

미국의 헐리우드 영화나 세계 각국의 영화 컨텐츠 속에서는 언제나 조국을 수선하는 영웅에 대한 이야기가 있다. 이러한 영화 속에서는 언제나 개개인보다는 가족, 내가 사랑하는 사람들을 지키는 국가, 이를 위해 자신의 이득은 물론 자신의 목숨까지도 희생하는 영웅에 대한 이야기가 반복되어 왔다.

그러나 우리가 생각하는 공익의 기준이 명확하지 않은 상황에서 공익을 위한 사익의 희생이 정말 정당화될 수 있는 것일까? 우리가 생각하는 공익의 기준을 어떻게 만들어 가야 하는가? 사실 공공의 이익이라고 하는 공리의 개념은 오래전부터 논의되어 왔고 전체적 효용의 극대화가 공익이라고 오랜 기간 믿어 왔다. 하지만 이 책은 효용이라는 렌즈를 통해서 공익과 사익을 보는 방법과 문제점 그리고 한계점에 대해서 생각해 보려 한다.

조지 프리드먼은 그의 저서에서 "앞으로의 10년이 동아시아 국가들에 있어서 가장 중요한 시기가 될 것."이라고 이야기했고 나 역시 이 주장에 동의한다. 동아시아는 단기간에 가장 빠른 효용을 성취한 나라이고 특히 일본과 한국은 초단기간에 정부 주도로 고효용·저비용 사회를 달성하며 고도성장을 이루어 냈다. 하지만 지금의 시대에서는 많은 사람들이 정부 주도형 정책은 이미 철이 지난 것이라고 한다. 그러나 나는 정부 없이는 지금과 같은 불확실성의 시대에 장기적인 효용

전략에 대한 청사진을 제시할 수 없다고 본다.

이 책은 어떤 정치적인 입장없이 최대한 중립적, 객관적으로 한국의 경제를 보려고 노력하였으며 객관적인 자료를 같이 제시하였다. 이에 따라 다소 사진이나 도표가 많지만 나같이 글재주가 좋지 못한 사람들에게 있어서 사진과 도표는 반드시 필요한 부분이니 이에 대한 양해를 구한다. 또한 미국과 일본에 대한 비교가 많이 이용하였는데 약 15년 가까운 해외 거주 경력과 장기간 해외 근무 등의 경험을 바탕으로 기술된 내용으로 최대한 각 실정을 고려해서 서술하였다. 물론 많은 지인이 제안해 준 것처럼 영국이나 유럽 쪽의 자료나 통계를 더 많이 넣어, 보다 글로벌한 시야를 제공하는 것도 좋을 것이나 모든 경제적인 지표나 통계는 그 나라의 문화와도 밀접한 관계가 있기 때문에 내가 정확하게 이해하지 못한 나라에 대해서 언급하는 것은 적절하지 않다고 생각하여 제외하였다.

또한 이 책은 최대한 많은 독자 분들이 '편안하게 접근할 수 있는 경제'라는 컨셉으로 서술하여 최대한 어렵지 않게 글을 쓰려고 하다 보니 전문용어들을 필자가 임의로 또는 억지로 풀어 쓴 용어들이 많이 있을 수 있다는 점 양해 바란다.

목차

2부   가치와 효용

3부   모든 불황의 원인은 효용의 저하에 있다

4부 고효용 사회로의 전환

1부

효용을 찾기 위한 긴 여행

효용이란 무엇인가

쾌락에도 레벨이 있다?

측정 가능 효용

효용의 시간에 따른 변화

효용이란 무엇인가

최대다수의 최대행복

벤담(Jeremy Bentham, 1748~1832)이나 밀(John Stuart Mill, 1806~1876) 그리고 한계 효용 같은 어려운 경제학 이야기를 꺼내기 전에, 효용의 단순한 의미는 '개개인의 만족도'라고 할 수 있다. 경제학에서는 효용을 '개개인이 느끼는 주관적인 만족도'라고 정의한다.

효용으로 인간의 행동의 가치를 판단하는 것을 우리는 결과론적 또는 정언적 도덕 추론이라고 하며 효용의 창시자라고도 할 수 있는 벤담이나 밀과 같은 공리주의자들은 사회가 "최대다수의 최대행복"이라는 공통된 목표를 추구하기 위해서는 개개인들의 효용 극대화가 필연적이라고 주장했다. 지금까지도 많은 사람들이 그의 생각과 이론을 추종하고 있으며 그 이후에도 다양한 이론으로 발전되어 나갔다.

그렇다면 그들이 주장한 '최대다수의 최대행복'이 사회 전체의 효용 증가를 정말 이루어 냈을까? 우리 사회의 효용은 100년 전에 비해서 효용이 늘었을까? 줄었을까? 만약 그가 지금의 우리 사회를 볼 수 있다면 그의 대답은 어떻게 될 것인가? 벤담이 죽은 지 180년이 넘은 지금, 벤담이 우리에게 사회의 효용을 증가시키기 위한 노력들을 어떻게 하고 있냐고 묻는다면 어떻게 대답해 줄 수 있을까?

생각해 보면 벤담과 밀이 살던 시대에서 생각하는 쾌락과 고통은 지금의 쾌락과 고통과는 사뭇 다른 모습일 것이다. 벤담이 핸드폰을 들고 게임을 하면서 많은 돈을 게임 아이템에 사용하는 현대의 사람들을 상상이나 했을까? 예를 들면, 모바일 게임 등에서 판매되는 다양한 게임 아이템의 효용에 대해서 어떻게 이해하고 그 효용이 높다, 낮다를 평가할 수 있을까?

ENTROPIA UNIVERSE

NEVERDIE CLUB IN ENTRO-PIA UNIVERSE - $635,000

실제로 ENTROPIA사의 게임 아이템은 63만 5천 불(한화 약 7억 원)에 판매되었고 게임 아이템 시장은 게임 시장 성장과 같이 나날이 커져 가고 있다.

그렇다면 이러한 게임 아이템들은 어느 정도의 효용을 가질까? 정말 많은 사람들이 7억 원의 거금을 줄 정도의 가치가 있는 물건일까?

효용의 관점에서 게임 아이템의 가치를 계산하고자 한다면 원칙적으로 그 게임을 통해서 얻을 수 있는 모든 고통과 쾌락을 계산해야 한다. 효용론자들에 따르면 모든 인간 행동의 이면에는 쾌락과 고통의 계산이 있으며 인간은 쾌락과 고통의 계산을 통해서 행동을 행한다고 생각했다.

효용주의의 시작

인류사회 역시 최대다수의 최대행복을 위해서 법제도의 정비와 정책 제안의 실현을 제안하여야 한다고 믿었다. 이는 추후 소득에 따라서 과세율을 차등 적용하는 누진제 등에 대한 법제도의 정당성을 부여했으며 더 과격한 일부 학파에서는 완전한 박애주의적 소득 재분배와 강력한 복지제도를 지지하기 위한 수단으로도 사용되었다.

사실 효용주의는 영국의 벤담이나 밀 이전에 이탈리아 나폴리에서 먼저 시작되었다고 한다. 이탈리아의 갈리아니(Ferdinando Galiani, 1728~1787)를 필두로 체사레 베카리아, 피에트로 베리 등 비롯한 많은 이탈리아의 경제학자들은 국가와 재정정책이 미치는 영향을 집중적으로 분석하였고, 그들은 중상주의자들과는 달리 국가 자체를 일반적인 사회복지에 중점을 두어야 한다고 주장하였다.

그들은 경제 정책과 기존의 관행(조세 제도 등)을 변경하여 이탈리아인들의 효용을 높이는 일에 초점을 맞춰야 한다고 주장했고 이는 궁극적으로는 벤담과 밀의 최대다수의 최대행복의 실현과 같은 맥락의 내용이 되었다. 이런 효용주의적인 이론은 "경험론적" 사회 철학과 결과론적 윤리 체계를 바탕으로 한다. 이후 스코틀랜드 계몽주의 철학자들도 채용되었는데 프랜시스 허치슨(Francis Hutcheson)과 아담 퍼거슨(Adam Ferguson) 등은 조기 산업화의 영향에 대해 전반적으로 비관적이었기 때문에 조기 산업화의 성과를 평가하기 위한 수단으로 효용의 정도와 측정을 사용하였다.

벤담은 그의 저서에서 행복의 총량을 계산하는 '행복 계산법(Felicific calculus)'을 통해서 수학 공식 같은 정확한 계산을 정립하려 했다. 그의 이론에 따르면 쾌락에는 크게 다음의 14가지의 쾌락이 있는데 이는 감각의 쾌락, 부의 쾌락, 숙련의 쾌락, 친목의 쾌락, 명예의 쾌락, 권력의 쾌락, 경노의 쾌락, 자애의 쾌락, 악의의 쾌락, 기억의 쾌락, 상상의 쾌락, 기대의 쾌락, 연상에 따른 쾌락, 해방의 쾌락 등이 있으며 각 쾌락은 더 세부적으로 나눠지게 된다. 예를 들어, 감각의 쾌락은 1) 미각의 쾌락, 2) 취하는 쾌락, 3) 후각의 쾌락, 4) 촉각의 쾌락, 5) 청각의 쾌락, 6) 시각의 쾌락, 7) 성적 감각의 쾌락, 8) 건강의 쾌락, 9) 호기심의 쾌락 등으로 나누었다.

쾌락	고통
· 감각의 쾌락	
· 부의 쾌락	· 빈곤의 고통
· 숙련의 쾌락	· 감각의 고통
· 친목의 쾌락	· 존재감 없음의 고통
· 명예의 쾌락	· 적의의 고통
· 권력의 쾌락	· 악명의 고통
· 경노의 쾌락	· 기억의 고통
· 비애의 쾌락	· 비애의 고통
· 악의의 쾌락	· 악의의 고통
· 기억의 쾌락	· 상상의 고통
· 상상의 쾌락	· 기대의 고통
· 기대의 쾌락	· 연상에 따른 고통
· 연상에 따른 쾌락, 해방의 쾌락 등	

보다 정확한 측정을 위해서 7가지 기준을 정립하고, 각 기준들을 통해 다섯 가지 원리를 뽑아냈고, 그 원리들을 통해 쾌락 계산법까지 고안해 낸다. 그는 쾌락을 부유함, 친목, 명성, 권력 등으로 나누었으며 쾌락을 계산하는 기준으로는,

첫째, 강도(intensity)로 쾌락의 정도와 크기

둘째, 지속성(duration)으로 쾌락이 지속되는 시간적인 가치

셋째, 확실성(certainty)은 어느 정도의 확률로 쾌락을 느낄 수 있는가

넷째, 근접성(propinquity)은 예상되는 쾌락을 얼마나 뒤에 획득할 수 있는가

다섯째, 다산성(fecundity)은 지금 누리고 있는 쾌락이 또 다른 쾌락

과 이어지거나 새로운 쾌락을 가져올 수 있는가

여섯째, 순수성(purity)은 현재 누리고 있는 쾌락 속에 고통의 여지가 없는가

일곱 번째, 범위(extent)는 내가 느끼는 쾌락을 나 이외에 얼마나 많은 사람이 누릴 수 있는가 등으로 나눴다.

그에 따르면 쾌락을 만드는 모든 것은 그 양에 비례하게 "선(善)"이 되며 쾌락의 증대와 고통의 감소가 모든 도덕과 입법의 원리라고 생각했다.

벤덤이 주장한 쾌락

· 더 강력한 쾌락이 더 선하다. 즉, 정의롭다.
· 더 오래 지속되는 쾌락이 더 정의롭다.
· 발생할 것이 확실한 쾌락이 더 정의롭다.
· 추후 더 많은 쾌락을 가져올 것 같은 쾌락이 더 정의롭다.
· 고통이 섞이지 않은 순수한 것이 더 정의롭다.

쾌락이 고통보다 큼을 확인하는 과정을 통해서 인간은 행동을 결정한다고 생각했다.

고통과 쾌락이라는 두 군주

최대다수의 최대행복을 주장한 공리주의의 창시자 벤담은 남에게 고통을 주지 않으려고 자신이 죽을 때도 하인들을 방에 들어오지 못하게 한 것으로도 유명하며 그는 본인의 신념을 지키기 위해 자신의 신체를 기증하기도 했다.

지구에 사는 모든 물체가 중력에서 벗어날 수 없듯이 모든 인간은 쾌락과 고통에 절대 지배를 받으며 쾌락을 갈망하고 고통을 싫어하는 것은 지극히 자연스러운 현상이기에 최대다수의 최대행복(Greater Happiness for Greater Number)을 위해서 정부와 사회가 노력해야 한다는 점을 강조했다. 이는 전체의 행복을 위해서는 일부 또는 특정 사람의 행복이 제한될 수 있다는 내용과도 같아서 이전까지의 쾌락주의(Hedonism)와 구별된다. 또한 추구하는 쾌락 자체가 즐거움의 종류를 나눠서 강도와 시간에 따라 행복을 구체적으로 측정하고자 하였다는 점에서도 큰 차이가 있다.

고대 그리스의 철학자이자 소크라테스의 제자이기도 했던 아리스티프스(Aristippus)의 쾌락주의(Hedonism)는 인간 개개인의 쾌락 추구를 최우선시하였으며 쾌락의 종류를 구별하지 않고 더 단순하고 강렬한 신체적 쾌락이 더 바람직하다고 생각하였다.

이러한 쾌락주의는 벤담에 의해서 공리성이라는 개념이 도입되기 전까지 목적론적 일반 제약이 부족하다는 비판을 받았다. 모든 철학적 개념에서 목적론의 선천적인 원리는 일반 모든 목적 하나하나의 의미뿐만 아니라 사회 전체 또는 세계 전체로 실현되었을 때 각각에 부여된 궁극 원인과 목적을 가지지 못한다는 문제점을 지니고 있었기 때문이다. 또한 양적 계산의 어려움과 선의 쾌락과 부당한 쾌락을 구별하기 어려운 점, 끝으로 원하지 않음에도 쾌락이 얻어지는 'Hedonistic Paradox(쾌락의 역설)' 등의 문제를 지니고 있었다.

제레미 벤담의 초상화

벤담은 쾌락주의에 공리성을 강조하기 위해서 인류의 삶에 쾌락과 고통이라고 하는 가치를 넣었고 사회 전체에 고통과 쾌락을 투영해서 인간 행위의 옳고 그름을 측정하는 도구로써 활용하였다. 이에 따라 사회의 질서나 나아가서 국가의 입법활동도 사회 구성원들의 쾌락

박물관에 기증되어 있는 벤담의 박제

을 증진하고 고통을 축소하는 방향으로 가야 한다고 규정하였다.

> "자연은 고통과 쾌락이라는 두 군주의 지배하에 인간을 두었다. 우리가 무엇을 하게 될 것인지를 결정하는 것은 물론, 우리가 무엇을 해야 할까를 지시하는 것도 오로지 이 두 군주에게 달려 있다."

이와 같은 벤담의 주장은 심리적 쾌락주의를 기반으로 하며 추후 질적인 쾌락과 양적인 쾌락을 나눈 밀(존 스튜어트 밀, John Stuart Mill, 1806~1873)에 의해서 발전된다. 벤담은 인간은 누구나 쾌락과 고통을 벗어날 수 없으며 우리의 행동의 초점은 그 행동과 관련된 모든 사람들의 행복을 증진시키는 것에 맞춰져야 한다고 주장했다.

쾌락에도 레벨이 있다?

만족해하는 돼지보다 불만족스러워하는 인간

공리주의의 창시자인 벤담은 사람의 행동의 궁극적인 목적과 행동의 이유는 시간과 강도에 따라서 산출된 쾌락의 산출량에 따라 좌우되며 쾌락 자체가 본래적으로 선하다고 주장했다. 그는 쾌락은 오직 양적으로만 측정 가능하다고 생각했는데, 그의 이런 주장은 후에 토마스카알라일에 의해서 '돼지의 철학'이라는 비판을 받기까지 한다. 추후경제학의 젊은 천재였던 존 스튜어트 밀이 벤담의 양적 공리주의를 부정하고 질적 공리주의를 주장하면서 공리주의는 두 번째 큰 발전을 이루게 된다.

'쾌락은 양적 차이뿐만 아니라 질적인 차이가 존재하고 더욱이 단순한 양보다 질이 더 중요하다'가 질적 공리주의의 핵심이다. 비록 밀이쾌락에 대한 정의와 분류에서 벤담과는 다른 주장을 펼쳤다 해도 공리주의의 기본 원리를 부정하는 것은 아니었다. 밀은 벤담의 공리주의의

'쾌락과 고통이 인간 행동의 유일한 동기'라는 것을 그대로 고수한다. 단지 차이가 있다면 쾌락의 질적 차이다. 밀에게는 감각적 쾌락보다는 정신적 쾌락이 더 중요했던 것이다. 일반적으로 저급한 쾌락을 고집하는 사람은 아직 그들이 정신적 쾌락을 경험해 보지 못한 것이라고 생각했다.

자유론과 공리주의를 신봉했던 밀은 다음과 같이 설명했다. "두 가지 쾌락에 대해 그 둘을 똑같이 잘 알고, 똑같이 즐기고 음미할 수 있는 사람들은 보다 높은 능력이 요구되는 삶의 방식을 훨씬 더 선호한다는 것을 부인할 수 없다. 짐승이 누리는 쾌락을 마음껏 즐기게 해 준다고 해서 저급한 동물이 되겠다는 사람은 없을 것이기 때문이다."

실제 원문의 문장을 인용해 보면 다음과 같다.

"It is better to be a human dissatisfied than a pig satisfied; better to be Socrates dissatisfied than a fool satisfied. And if the fool, or the pig, are of a different opinion, it is because they only know their own side of the question. The other party to the comparison knows both sides."

"만족해하는 돼지보다 불만족스러워하는 인간이 되는 것이 더 바람직하고, 만족한 바보보다는 불만족스러움을 느끼는 소크라테스와 같은 사람이 되는 것이 더 바람

직하다. 바보나 돼지가 다른 의견을 가진다면 이는 오로
지 자기 입장으로만 문제를 이해했기 때문이다. 이에 반
해 인간이나 소크라테스는 문제의 양쪽의 입장을 다 이
해한다."

위의 두 가지로 대표되는 밀의 주장은 사회에 큰 반향을 일으켰으
며 이후 밀은 어떤 의미에서는 중도론에 가까운 길을 걸었다고 볼 수
있다. 밀은 벤담의 가장 열렬한 추종자였으나 벤담이 너무 급진주의
자였기 때문에 많은 귀족들에게 배척당한 것과는 달리 밀은 오늘날의
Nobless Oblisse의 시초라고도 볼 수 있는 "귀족들은 보다 높은 수준의
쾌락을 추구해야 한다."라는 양적인 쾌락보다는 질적인 쾌락을 강조한
주장을 하게 된다.

소수의 고통은 희생되어야 하는가

벤담이나 밀의 '기본적으로 고통의 크기보다 큰 쾌락의 크기로 인해
인간이 모든 행동을 결정하고 다수의 행복을 위해서 소수의 고통은 감
당해야 한다.'라는 식의 주장은 결국 인간의 존엄성을 주장한 칸트와
상반된 의견으로 인식되어 왔다. 실제로 많은 학자들과 책들에서 효
용을 주장한 공리주의와 칸트가 주장한 인간의 존엄성은 서로 상충된
다고 말했다. 마이클 센델은 그의 저서《정의란 무엇인가》에서 "벤담

과 밀의 공리주의"는 다수에게 도움이 되는 결정을 하지만 인간의 존엄성 문제에서는 도덕적 한계를 지니고 있다고 말한다. 왜냐하면 공리주의자들은 침몰하는 배에서 덩치 큰 사람을 밀어 떨어뜨려 그 사람을 수단으로 이용하는 것에 대해서 묵인할 것이기 때문이다. 따라서 인간 자체가 목적이 되어야 한다는 인간의 존엄성을 주장한 칸트는 공리주의와 대립된다고 하였다. 다시 말해서 공리주의자들은 사회의 소수를 처형하거나 노예화해서 사회 전반의 행복을 최대화할 수 있다면 최대 행복을 위해서 그것이 옳다고 말해야 하며 칸트는 설령 최대행복을 실현한다고 해도 노예제나 강제적인 희생 등은 나쁜 것이라고 생각했는데 이는 사람 자체가 목적이 되지 못하고 수단이 되었기 때문이다.

그러나, 뒷장에서 더 자세하게 이야기하겠지만 결국 공리주의가 칸트의 주장과 반대된다고 보기 어려운 것은 그 이전에 '쾌락의 크기>고통의 크기'에서 결정적으로 크기를 어떻게 비교하여야 하는가에 대한 문제에 우선적으로 대답할 수 있어야 하기 때문이다.

신체적 고통과 정신적 행복

예를 들어, 신체적인 고통으로 정신적인 행복을 느끼는 이들을 어떻게 보아야 할 것인가? 실제로 과거 인도의 아지비카(邪命外道)교와 지나교에서는 고행(苦行)을 중시 여겨 생활은 될 수 있는 대로 간소하게 하고 자기의 육체는 많이 괴롭히는 것이 효과가 좋다고 생각했다고 한다.

이들은 자기 몸을 학대하기 위하여 심지어 가시나 바늘방석에 앉기도 하고 나무에 거꾸로 매달리기도 하며 자기 나름대로 갖은 방법을 다 동원하였고 이때에 그 고행의 방법이 극심하여 고통스러울수록 사람들의 존경을 받았다고 한다.

커다란 바늘로 고행을 하고 있는
수행자

볼을 관통한 쇠막대기로
고행 중인 수행자

이런 경우 정신적인 행복과 신체적인 행복의 각기 다른 가치로 보아 밀의 기준대로 '정신적인 쾌락 > 신체적인 고통'이기 때문에 이러한 행동을 했다고 봐야 할 것인가? 또한 이와 같은 수행을 하다가 사망까지 이르는 경우, 역시 죽는 순간까지도 정신적인 쾌락이 신체적인 고통보다 계속 크다고 볼 수 있을까? 이와 같은 행동이 인류 전체로 보거나 그 수행자가 속해 있는 사회 전체로 보았을 때 긍정적인 행동일까? 그리고 죽는 순간에 만약 수행자가 많은 후회를 했다면 어떻게 봐야 할 것인가? 측정할 수 없는 고통의 양을 또는 행복의 양을 비교하는 것에 어느 정도까지 의미를 둘 수 있을까?

이들과 전혀 다른 문화를 지닌 곳에서 자라나서 가치관이 형성된 우리들은 이들의 행동을 이상하다고 생각할지 모른다. 그러나 이들과 같은 수행자들은 신체적 고통을 승화시켜서 우리가 모르는 어마어마하게 많은 행복을 느끼고 있을 수도 있다. 그들의 가치관을 이해하지 못한 상태에서 그들의 행동을 우리의 가치관으로 이해하고 '고통〉행복'이라고 생각하는 것은 우리의 오만이기 때문이다.

특정 종교에서는 사람이 죽는 직전에 자신의 과거 행동이나 자신의 과거 삶에 따라서 본인의 일생 동안의 모든 행복과 고통을 다시 느끼게 된다고도 한다. 또한 사람에 따라서 어떤 사람은 느끼게 되는 고통의 양이 어마어마할 수도 있지 않은가? 벤담의 공리주의는 극단적으로 귀족들의 재산을 강제로 빼앗아 모두에게 나누어 주어서 모두가 행복해진다면 그 행위는 올바른 행위가 될 것이고 극단적인 경우 그 귀족이 빈털털이가 되어 배고픔으로 인해서 죽게 될 때 느끼는 괴로움의 양보다 그의 재산을 빼앗아서 1억 명의 사람들이 빵 1개를 먹으면 그게 옳을 수 있다는 말이 된다. 하지만 우리는 행복과 불행의 양을 정확하게 측정하지 못한다. 한 명의 사람이 극한의 배고픔으로 죽음까지 도달하였을 때 느끼는 고통이 전 세계 인구들이 빵 1개로 느끼는 행복의 양보다 클 수도 있지 않을까? 따라서 공리주의는 많은 사람들이 이야기하는 것처럼 칸트의 주장과 대립된다기보다는 쾌락과 고통의 측정의 어려움을 해결하지 못하고 모순에 빠져 버린 것이라고 보는 것이 더 타당하지 않을까.

총효용·평균효용·한계효용의 관계

한계 효용학파에 의하면 소비자의 주관적인 만족도를 나타내는 총효용(TU), 평균효용(AU), 한계효용(AU)은 구체적인 수치로 측정할 수 있다.

1) 총효용·평균효용·한계효용 간에는 다음과 같은 관계가 성립함을 알 수 있다.

   (1) 평균효용이 정(+)의 값을 갖고, 한계효용이 정(+)의 값을 가지면 총효용은 증가한다.

   (2) 평균효용이 정(+)의 값을 갖고, 한계효용이 0일때 총효용은 극대값을 갖는다.

   (3) 평균효용이 정(+)의 값을 갖고, 한계효용이 부(-)의 값을 갖으면 총효용은 감소한다.

   (4) 평균효용이 0이고 한계효용이 부(-)의 값을 갖는다면 총효용은 0이다.

   (5) 평균효용과 한계효용이 모두 부(-)의 값을 갖으면 총효용도 부(-)의 값을 갖는다.

측정 가능 효용

기수적 효용과 서수적 효용

만약 효용이 측정 가능하다면 어떤 일이 생길까?

가: "이번 정권 들어서 대한민국의 '국민 효용'의 전체 가치가 200만
효용이나 떨어졌어."
나: "그러니까 말야. 미국은 이번 정권이 되고 120만 효용이나 늘었
다고 하던데 우리는 좀 심한 것 같아. 다음 선거 때는 다른 당을
뽑아야 할 것 같아."

또는

가: 이번에 JP은행에 취직한다며?
나: 응. 몇 개 회사 취직되기는 했는데 JP은행이 급여도 많이 준다고

해서 고민 중이야.

가: JP는 안돼. 거기 직원들 효용이 상당히 낮다던데?

나: 그래? 다시 생각해 봐야겠네.

또는

가: 아, 맥주 맛있다.

나: 넌 참 맥주 좋아하네. 5달러의 맥주 한 잔으로 효용이 35U나 올랐잖아? 내가 20U 오르는 사람까지는 봤어도 맥주 한 잔으로 35U 오르는 사람은 처음 본다.

가: 난 대신 영화 볼 때 효용이 거의 그대로잖아.

나: 맥주 더 사 줄게.

가: 두 번째 맥주는 효용이 20U 정도밖에 안 나올거야.

이런 대화들이 실제로 오가게 될 것이다. 개인 레벨의 효용이 실제 가치 판단의 도구가 되어서 활용될 것이며 이는 시장경제에 막대한 영향을 미치는 절대적인 가치로 가격에 직접적인 영향을 미치는 결과를 가져오게 될 것이다. 이는 지금까지 GDP가 가진 한계를 모두 한 번에 극복할 수 있는 마법의 상자가 될 것이다. 따라서 많은 경제학자들은 효용을 계산해 보려고 노력했으며 지금까지의 연구에 따르면 실제로 효용은 측정 방법에 따라서 '기수적 효용'과 '서수적 효용'으로 나눠지며 각 특성은 다음과 같다.

기수적 효용(cardinal utility)이란, 측정치의 절대적인 수치가 의미를 갖는 효용을 의미한다. 즉, 기수적 효용 개념하에서 측정된 X재화의 효용이 10이고, Y재화의 효용이 5라면, 'X재화의 효용이 Y재화의 효용의 2배이다.'라고 말할 수 있다.

서수적 효용(ordinal utility)이란, 측정치의 수치는 의미가 없고 그 상대적 크기만 의미를 갖는 효용을 의미한다. 즉, 서수적 효용 개념하에서 측정된 X재화의 효용이 10이고, Y재화의 효용이 5라면 'X재화의 효용이 Y재화의 효용보다 크다.'라고 말할 수는 있으나, 'X재화의 효용이 Y재화의 효용의 2배이다.'라고는 말할 수 없다.

절대치의 비교가 어렵다고 하여도 각 개개인이 느끼는 고통의 양에 대해서 어느 누가 어떤 고통이 더 힘들고 덜 힘들고를 판단할 수 있을까? 또한 우리가 인식하지 못하는 행복과 쾌락 그리고 나중에 생각나는 과거 일에 대한 행복과 고통을 과연 벤덤의 쾌락표로 정확하게 나타낼 수 있을까? 설사 있다고 하더라도 미래에 행복과 고통을 어떻게 계산할 수 있을까? 그리고 쾌락과 아픔의 많은 부분이 우리가 별도로 인식하지 못하지만 각각 따로따로 존재하고 있기 때문에 이를 정확하게 인식하는 게 가능할 것인가라는 숙제가 남게 되었다.

또한, 사실 사람의 기본 속성 중 하나라고 일컬어지는 "공감"이라고 하는 기본 속성마저도 스튜어드 밀이 말한 존재감 없음의 고통 또는 적의의 고통을 최소화하고 친목의 쾌락을 극대화시키기 위해서 우리가 임의로 만들어 낸 산물인 것은 아닐까. 만약 동일한 기쁨이나 아픔을 모두가 다 똑같이 느낀다면 대부분의 경우 기쁨 또는 아픔 안에는 밀이 이야기한 친목의 부분이 있을 수도 있고 이는 무리 생활을 했던 인류가 가진 본연의 DNA 속에 잠재된 특성일 수도 있지 않을까?

이렇듯 효용에 대한 연구는 지금까지 많은 경제학자들을 통해서 발전되어 왔으며 후생경제학의 기본 개념 중 하나로도 인식되어 왔다. 이와 같은 효용의 측정은 지금까지 많은 경제 정치 사회적인 문제들을 해결하는 데 도움을 주었으며 추후 정책 대안의 비교 평가 기준인 비용 편익 분석 등으로 계속해서 발전되었다.

벤덤의 공리주의는 당시 사회에 큰 반향을 일으켰는데 이 행복(효용)의 총량을 계산하는 데 신분의 구분이 없다고 못박음으로써 많은 귀족들의 반감을 불러 일으켰다. 귀족이 손가락을 다친 것과 그의 시종이 손가락을 다친 것에 동일한 효용의 손실이 생긴다는 그의 주장은 당시의 시대 상황상 받아들이기 어려운 상황이었을 것으로 짐작된다.

다만 효용이 측정 가능하다고 생각한 경제학자들 사이에서도 측정 가능 범위에 대해서는 생각이 달랐는데, 노이만(Von Neumann-Morgenstern, 1947)이나 피셔 등으로 대표되는 기수 효용론자는 "효용은 측정할 수 있다."라고 생각했으며 데브루(Debreu, 1954)나 폴 세뮤엘슨과 같은 서수 효용론자는 "측정 자체는 할 수 없지만 비교는 가능하다."라고 했다.

사실 1930년부터 활발하게 제기된 효용의 측정에 관한 주장들은 기존 경제학계에 큰 변화를 가져왔으며 후생 경제학이라는 큰 학문적인 기틀을 마련하게 되는데 미시 경제학을 실제의 우리 생활과 의사결정에 넣어서 경제 정치 사회의 문제를 푸는 데 유용하게 사용되었을 뿐만 아니라 의사 결정 과정에서 생기는 많은 오류들을 분석하고 판단하게 되었다. 그러나 이런 이론들처럼 사람들은 항상 소비할 때 효용을 비교하고 효용을 극대화하는 소비를 이루는 존재로 생각했으며 일정 소비가 이뤄진 이후에는 소비에 따른 효용은 일정 기간 동안 증가한 후 일정시점이 되면 한계에 다다른다고 생각했다.

그러나, 과연 그럴까? 예를 들어, 냉면을 먹는다고 생각해 보자. 처음에는 10불을 주고 냉면을 먹고 매우 큰 행복감을 느끼고 양이 적은 듯해서 10불을 주고 한 그릇 더 먹었다고 하자. 처음 냉면보다 맛은 덜하지만 배가 더 불러졌고 '세 번째 냉면을 시킬까?' 고민한 후에 시키지 않는 쪽으로 결론을 내렸다. 냉면 값은 처음 냉면이나 세 번째 냉면이나 동일하게 10불이지만 이유는 효용이 떨어졌기 때문일 것이다. 동일한 냉면이지만 그 냉면이 주는 효용은 처음 한 그릇에 비해 두 번째 냉면에서 매우 낮게 된다. 따라서 재화가 주는 행복감은 일정 기간이 되면 한계 효용에 이르게 된다고 말하는 것이 경제학에서 말하는 '한계 효용(marginal utility)'이란 개념이다. 그러나 금이라면 어떨까? 어느 정도의 양에 도달하면 한계 효용을 느껴서 더 이상 가지고 싶지 않게 될 것인가? 아마도 금이 늘어나면 늘어날수록 효용도 계속 꾸준하게 증가하게 될 것이다. 이는 어떤 재화의 한계 효용에는 그 재화의 상대적인 희소성을 같이 반영하기 때문이다.

희소성과 효용

 남태평양 캐롤라인 군도에 있는 야프(YAP)섬에서는 페이(Fei)라고 하는 돌을 돈으로 사용하였다. 페이는 그 크기가 접시만 한 것에서부터 지름이 3.5m에 이르는 것까지 다양하였으며 모양도 크기가 큰 것은 맷돌처럼 가운데에 구멍이 뚫렸다. 실제로 1984년 미크로네시아의 대통령이 미국 대통령을 방문하러 갔을 때 준 선물이 한 가운데가 뻥 뚫린 흔한 돌멩이였다고 한다. 이는 국제적으로 큰 화제를 모았다.

야프섬에서 사용된 'Fei'라고 하는 화폐

 돌멩이가 화폐로의 가치를 지닐 수 있었던 것은 야프섬에서는 희소성의 조건을 충분히 수행할 수 있었기 때문이다. 페이의 원료가 야프섬에서 640km나 떨어진 섬에서 채취할 수 있다 보니 오히려 요즘보다 화폐의 과다 공급 등의 문제에서 자유로웠을지도 모른다. 또한 모든 사람들이 과거 오랜 기간 동안 Fei로 거래를 했었고 음식을 사거나 토지를 살 때 주요 거래의 수단으로 사용되었다고 한다. 다만 돌은 너무 무거워 몸에 지니고 다니는 데 어려움이 있었는데, 그런 경우 돌은 그 자리에 둔 채 거래 당사자가 돌의 소유권이 바뀌었다는 사실을 서로 인정함으로써 거래가 간단히 종결되었다고 한다.

희소성(scarcity)의 사전적인 의미는, "인간의 욕망에 비해 그 충족수단이 질적, 양적으로 유한(有限)하거나 부족한 상태를 이르는 말"이라고 되어 있다. 경제학에서의 인간은 항상 최대 이익을 계산하고 그에 따라 행동하는 존재이다. 인간의 욕구는 무한하며 항상 자신이 소유하고 있거나 자신의 소득으로 구입할 수 있는 것보다 더 많은 것을 원한다. 결국 희소성에 따라서 선택의 문제가 발생하고 편익과 기회 비용이라고 하는 경제학의 기본 원리들이 시작된다.

한국에서는 흔해 빠진 돌멩이에 불과했지만 특정 지역에서는 그 돌멩이에 희소성이라는 가치가 연결되면서 화폐의 성격을 지니게 되었고 야프섬 사람들과 같이 다른 사회와 접촉이 거의 없고 외부요인으로 돌멩이가 다시 늘어날 가능성이 적은 사회에서는 엄청난 가치를 가진 화폐가 될 수 있다는 것이다. 이는 요즘 사회의 금 또는 다이아몬드 등의 재화에도 동일하게 적용된다. 만약 세상에 모든 모래가 금이라면 또는 모든 강바닥에 다이아몬드가 넘쳐난다면 금이나 다이아몬드도 본래의 사용 가치 이상의 어떤 가치도 가지지 못하게 될 것이다. 세상

효용의 시대가 온다

의 모든 자원이 유한하지 않다면 가치는 측정하기 어렵다는 문제가 있는 것이다.

물과 다이아몬드의 패러독스

중요성은 훨씬 높고 사용 가치는 절대적인 물이 실제 사용 가치가 매우 낮은 다이아몬드보다 상대적으로 매우 낮은 가격에 거래되는 것을 우리는 '물과 다이아몬드의 패러독스'라 말한다. 일반적인 재화는 수요와 공급이 만나는 점에서 균형점을 이루고 그 균형점에서 가격이 형성된다.

하지만 물이나 공기처럼 무한한 자원들은 우측의 그래프와 같이 수요와 공급 곡선이 만나지 못한다. 보통 이와 같이 공급이 무한하게 이루어질 수 있는 경우를 '자유재'라고 하는데 자유재는 경제학에서는 가치가 없다고 배운다.

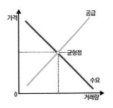

일반적인 재화의 수요와 공급

하지만 이는 재화의 사용 가치 측면에서 본다면 반은 맞고 반은 틀린 말이다. 물과 공기 같은 자유재는 경제적 가치는 있으나 공급이 무한하여 거래의 대상이 되지 못할 뿐이다. 특히 효용의 관점에서 본다면 사용 가치에 주목

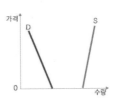

자유재의 수요와 공급

해야 하므로 원칙적으로는 고려해야 하는 것이 맞지 않을까?

실제로 우리가 주변을 둘러보면 실제 사용 가치가 낮으면서도 높은 가치를 지니고 있는 재화들이 있는데 대부분의 경우는 화폐 가치의 폭락을 대비한 1) 투자자산의 가치, 또는 남들이 지니지 못한 재화를 지니고 있다는 데서 느끼는 심리적인 우월감이라고도 할 수 있는 2) 심리적인 효용, 여기에다 Fei의 경우는 화폐의 역할을 하였으므로 교환 가치와 가치 저장의 수단으로써의 가치 등으로 대표되는 다양한 3) 화폐의 효용을 추가적으로 지니게 되었을 것이다.

14~15세기, 중세 유럽에서 한참 르네상스가 꽃피울 때, 신비한 파란색 물감의 원료가 되는 청금석은 금보다도 비싼 가격에 거래되었다고 한다. 그러나 이후 화학 산업이 발달하게 되면서 희소성을 잃어버린 파란색 물감의 가치는 폭락했고 금은 아직도 가장 높은 희소성 자산의 하나로 남아 있다. 만약 중세의 연금술이 성공해서 금을 대량으로 생산할 수 있었다면 금의 가치 역시 매우 낮은 가격으로 떨어지게 되었을 것이다.

그와 관련된 또 다른 재미있는 사례로, 대항해 시대의 많은 유럽의 항해자들은 아프리카와 남아메리카의 원주민들에게 시계나 나침반과 같이 자신들이 가진 흔하지만 그들이 보지 못했을 물건들을 주고 원주민들이 가지고 있

칼과 십자기를 든 정복군

던 금과 다이아몬드와 같은 고가의 귀금속을 교환하였는데 카리브해 원주민들이 아무 쓸모없는 반짝이는 돌멩이를 원하는 유럽인들을 의심스러운 눈으로 쳐다보게 된 것은 어쩌면 매우 당연한 일일지도 모른다. 이후 스페인은 신대륙으로 불리는 멕시코와 남아메리카 볼리비아 등지에서 약 1조 5천억 달러에 해당하는 금과 은의 증가를 불러왔고 이는 유럽의 주요 화폐였던 금과 은의 희소성 가치의 폭락을 야기해서 유럽의 많은 지역에 광범위한 인플레이션을 불러오게 된다.

희소성과 한계 효용

희소성은 결국 우리 인간들에게 제한된 자원들을 어디에 어떻게 사용하는 것이 최대의 효용을 가져올 수 있을지 합리적으로 선택해야 하며 따라서 큰 효용을 가져오는 흔한 재화를 계속해서 사용하는 것보다, 보다 다양한 재화들을 효율적으로 사용해야 하는 것이 재화의 가치를 보다 효과적으로 설명할 수 있다.

사실 희소성 문제는 경제적 효용에서 재화의 가치를 설명하고자 했던 많은 경제학자들에게 큰 과제였으나 이는 마셜플랜으로 유명한 알프레드 마셜이 그의 저서 등을 통해 한계 효용이라는 개념을 도입하면서 설명되었다. 그에 따르면 재화의 가치는 총효용의 합이 아니라 한계 효용에 영향을 받으며 사람은 한계 효용과 한계 비용이 같아지는 지점에서 합리적인 소비를 하게 되어 있다고 생각했다. 한계 효용은 재화의 부존량과 소비량이 많을수록 작아지는데, 예를 들어, 부존량이 많은 물은 한계 효용이 낮기 때문에 사용 가치가 매우 높은 없어서는 안되는 재화이지만 교환 가치는 낮고, 다이아몬드는 사용 가치가 매우 한정되어 있지만 부존량은 물에 비해 극히 적어 한계 효용이 높기 때문에 사용 가치가 낮은 물건임에도 비싼 가격에 거래된다는 것이었다. 시간이 많이 지난 지금의 남미의 사람들에게 크게 가치가 없는 나침반과 시계 등으로 더더욱 희소해진 금과 교환을 하자고 한다면 그들은 당연히 응하지 않을 것이다. 이는 그들의 금에 대한 가치관이 바뀌게 된 것을 의미하는데 많은 사람들이 가치가 있다라고 생각하는 것 그 자체가 가치를 가지도록 하기 때문이다.

효용의 시간에 따른 변화

효용은 가변적이다

한국과 같이 단기간에 크게 성장한 곳에서는 많은 사람들의 가치관이 빠르게 변화하고 재화 등의 가치도 활발하게 변화한다. 이러한 변화는 대부분의 경우 효용에 큰 영향을 미치는데, 예를 들어 서울 강남의 요충지에 대출을 크게 받아서 아파트를 구입했던 A 씨와 대출 받는 것을 꺼려서 전세를 살았던 B 씨가 있다고 하자.

처음에는 대출로 인해서 A 씨는 너무 힘들어했고 그걸 보면서 B 씨는 자신의 선택에서 대한 만족도가 매우 높았다. 하지만 10여 년이 지난 후에 A 씨는 급격하게 늘어난 아파트의 가치 덕에 자산가치가 올라서 보다 낮은 금리로 대출을 재조정할 수 있었으며 추가적인 신용으로 그 옆에 다른 아파트를 여러 채 보유할 수 있게 되었다. 그러나 B 씨는 차근차근 전세 대출을 갚아 나갔지만 10년이 지난 후 집값은 이미 너무나 크게 올라서 집을 살 수 없게 되었으며 집주인은 올라간 집의 가치에 맞게 전세금을 계속 올렸다. B 씨는 생각할 때마다 과거의 자신의 선택에 많은 후회를 하게 되며 집을 구입한 A 씨의 만족은 시간이 지남에 따라서 계속 상승하게 된다. 이러한 일은 매우 흔한 일이 되어 버렸다.

사실 이런 거창한 일이 아니더라도 효용은 시간에 따라서 많은 차이를 보이게 된다. 예를 들어, 치맥을 좋아하는 사람이 매일매일 치맥을 1주일간 먹었다고 하자. 치맥을 먹으면서 한계 효용에 부딪쳐서 효용이 떨어지는 것을 둘째로 치더라도 치맥을 먹은 1주일은 너무 행복했지만 그 1주일이 지난 후에 늘어난 몸무게로 외모에 자신감을 잃고 너무 괴로워하다가 다이어트를 시도하지만 오히려 요요 현상이 심하게 오게 되어 그 이후로도 쭉 괴로워한 경험이 있는 사람을 생각해 보자. 아니면 유명한 미쉐린 레스토랑에 큰 기대를 하고 갔는데 실제로 먹어 보니 기대보다 낮은 효용을 얻은 경우 등도 많은 사람들이 경험하지 않았는가? 근데 시간이 지나고 보니 그 레스토랑에 가는 데까지 매일매일 준비하고 기대한 그 경험이 너무 즐거운 경험이었다고 생각하는 사람들도 있을 것이다.

우리가 효용에 대해서 생각할 때 그 재화 또는 서비스의 라이프타임 효용을 고려해야 하지 않을까? 물론 잘 생각해 보면 우리는 충분하게 고려하고 선택을 한다. 예를 들어, 자동차를 살 때 우리는 다양한 부분을 고려한다. 용도, 연비는 물론 내년에 늘어날 자녀 수, 주변 상황 등 다양한 요소들을 고려한다. 그러나 항상 거기에는 돌발 상황도 생긴다. 고유가를 고려해서 하이브리드를 샀는데 저유가 시대가 왔다거나 차를 사자마자 새 모델이 나왔다거나 전기차를 샀는데 충전소가 생각보다 늘어나지 않아서 불편하게 된다거나 하는 일들이 꼭 생긴다.

미래를 알면 효용을 올릴 수 있을까

인류가 미래에 대해서 볼 수 있는 능력이 없는 상황에서 위의 B 씨와 같이 후회하는 사람들이 생겨나는 것을 어떻게 막을 수 있을까? 또한 영화 〈마이너리티 리포트〉처럼 미래를 예상하고 범죄를 사전에 예방할 수 있다면 우리는 행복해질 수 있을까? 또는 이는 우리 사회에 많은 효용을 가져올 수 있을까?

영화 〈마이너리티 리포트〉의 한 장면

실제로 미국 LAPD에서는 범죄를 예측하는 프로그램을 만들어서 범죄를 사전에 예측해 차단하는 프로그램이 운용되고 있다. 프로그램 개발자인 제프리 브랜팅엄에 따르면 범죄 가능성이 높은 곳을 적색으로 표시해 경찰이 미리 이 지역에서 범죄를 차단할 수 있도록 하였더니 캘리포니아주 풋힐 지역의 범죄율이 20%나 감소했다고 한다.

예상 우범 지역을 데이터에 기반하여 예측한 후 경찰을 집중 배치하는 등의 준비를 통해서 범죄를 사전에 대비한다는 LAPD의 Predpol 프로그램은 미국 내 60곳에서 이용되고 있으며 최근에는 마이애미시에서도 도입을 결정하는 등 미국 전역으로 확대되고 있다고 한다.

미국의 범죄 예측 수사

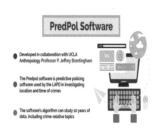
데이터에 기반한 범죄 예상 프로그램

하지만 특정 지역 집중 단속이 최근 문제가 되고 있는 경찰의 과잉 대응을 부추길 수 있다는 우려가 나오고 있음은 물론, 본인이 실제로 단속 대상이 되는 경우나 본인의 거주지역이 우범지역으로 분류되어 본인이 소유한 주택의 가격이 폭락하게 된다면 생각이 달라질 것이다.

하지만 근본적인 문제는 미래의 내가 어떤 것을 더 선호할 것인지 알 수 있는 방법이 없다는 점이다. 미래를 알고 미래에 대해서 준비한다고 하지만 미래의 내가 원하는 삶이 지금까지 내가 살아오고자 한 삶과 맞는지 다른지 알 수 없다는 점이 있다. 이는 대학교 입학을 위해서 잠도 안 자고 공부하던 학생이 대학교에 입학 후 인생의 목표를 잃어버리는 것과도 비슷할 수 있다.

오래전에 필자가 기회가 되어서 실제로 달라이 라마를 만난 적이 있었다. 꼭 정확하게 같은 질문은 아니었지만 미래에 대해서 알지 못하는 우리들이 미래의 자신이 원하는 바와 자신의 지금의 행동이 가져오는 미래의 결과를 알지 못하는 상황에서 어떻게 우리가 후회 없는 삶을 살 수 있을까라는 질문에 대해서 그는 원칙적으로 미래를 미리 보고 행동하는 방법은 없다고 이야기했다. 다만 조금이라도 그러한 실수를 막을 수 있는 방법은 자기 자신에 대한 성찰, "Meditation"뿐이라고 말했다.

저효용과 저성장

사실 생각해 보면 요즘처럼 각지의 서점에서 경제학에 대한 이야기가 많은 적이 없었던 것 같다. 사람들이 언제부터 경제학에 이리도 관심이 많아졌는가 하는 생각이 들 정도이다. "불편한 경제학", "새로운 경제학" 등 수많은 경제학에 관한 책들이 우후죽순 생겨났다. 그러나 대다수의 그런 경제학 서적들은 실제로 경제학이라기보다는 단순하게 특정 국가의 경제상황에 대한 저자들의 생각이거나 또는 세계 경제 상황에 대한 그들의 생각인 경우가 많고 어떤 경제학자들은 자신과 다른 주장이 적혀 있는 경제학 서적들을 쓰레기라고까지 폄하한다. 그러나 과연 그럴까?

생각해 보면 지금까지의 많은 경제학자들이 주장한 규제완화와 정책관 등에 의해서 금융기관이 투기적인 투자를 일으키고 리만쇼크까지 일어나게 만들었으며 점점 더 복잡해진 현대사회의 경제 현상들에 대해서 전통적인 경제학자들 어느 누구도 앞으로 어떠한 경제정책이 우리에게 지속 가능한 성장을 가져다줄 수 있을 것이라는 명쾌한 해답을 전혀 주지 못했다는 것은 분명한 사실이다. 세계 2대 경제 대국이었던 일본의 "잃어버린 30년"의 기간 동안 전 세계의 많은 경제학자들이 제시한 수많은 처방전들 중 어떠한 것도 답을 주지 못했으며 최근의 아베노믹스 역시 아직까지 뚜렷한 성과를 보여 주지 못하고 있다.

또한 많은 사람들이 이야기한다. 세계는 지금 저성장 시대에 돌입했다고. 그러나 그 원인과 해결책은 누구 하나도 속시원하게 말해 주는 사람은 없는데 자기가 알고 있는 또는 자신이 배운 경제학과 다른 이야기를 한다고 다른 저자들의 책이 쓰레기라고 말할 수 있는가라고 묻고 싶다.

효용을 극대화할 수 없는 이유

지금 주목받고 있는 행동 경제학 역시 오랜 기간 동안 전통적인 경제학이 아니라는 이유로 많은 경제학자들에게 경제학으로 인정받지 못한 학문이기도 했고 오랜 기간 무시당한 경제학이기도 했다. 적어도 2002년 행동주의 경제학자 다니엘 카네만 (Daniel Kahneman)이 처음으로 노벨 경제학상 을 받기 전까지는 행동 경제학은 전통경제학의 보완적이거나 보조적인 이론의 한 부분이었으 며 많은 경제학자들은 정식 경제학으로 인정하 지 않았던 것이 사실이다.

다니엘 카네만 교수

행동 경제학에 따르면 기존의 전통적인 경제학에서 만족을 최대화 할 수 없는 이유에는 다양한 생물학적 또는 심리학적인 이유가 있다고 한다. 그중 첫 번째가 합리성의 한계라고 하는 것으로 "경제주체가 다 양한 선택을 통해서 최대이익을 추구한다."라는 가정에 있기 때문이 다. 그러나 그 최대이익이라고 하는 것이 모든 사람들의 가치관이 다 르기 때문에 합리성이 달라질 수 있고 이를 고려한 합리성을 우리는 한정 합리성이라고 하며 완전 합리성이 아닌 한정 합리성으로 경제학 적으로 고려해야 한다고 생각했다. 두 번째로는 인간의 이기심의 한계 인데 이는 인간이 철저하게 이기적이지 못하기 때문이라고 생각했다.

예를 들어, 100만 원을 무작위의 2명을 뽑아 분배한다고 하자. 분배 방법은 A가 분배 방법을 제안하고 B가 그 제안한 안을 수락하면 그 금 액이 분배되고 B가 그 제안을 거절하면 100만 원은 없어진다고 했을 때 게임 이론에 따라서 A가 어떤 금액을 분배해야 할까를 생각해 보면 '100만 원-X원'이 실제로 A가 받는 금액이 되므로 X가 0이상이라면 합 리적인 인간 B는 승낙하여야 한다.

그러나 실제 실험에서는 평균적으로 X=40에 가까운 숫자가 나타났다고 한다. 이를 우리는 공평성에 대한 배려 등에 따라서 전통적인 경제학의 가정처럼 인간이 최대의 이익을 추구하지 못한다고 볼 수 있기 때문이다.

사실 많은 사람들이 요즘이 행동 경제학의 시대라고도 말한다. 실제로 서점에 가 보면 행동 경제학에 관련된 다양한 서적을 볼 수 있다 하지만 인간의 본성을 이해하고 그 본성을 이해한 후에 수정된 가설로 보다 다양한 경제 현상들을 설명한다라고 하는 행동 경제학이 조금은 현대의 복잡해지고 다양화된 사회에 조금이라도 많은 설명을 해 줄 수 있지 않을까. 전통경제학의 시장원리주의의 완전 합리성을 가진 호모 이코노믹스(경제적 인간)라고 하는 비현실적인 존재에 기반을 둔 경제학보다는 한정합리적인 인간으로 세상의 많은 현상들을 설명한 것이 행동주의 경제학이기 때문이다.

사실 인간은 에너지 소모를 최소화하기 위해 본능적으로 생각을 하기 싫어하는 본성을 지니고 있다고도 한다. 한정 합리성을 지닌 인간으로 보는 행동주의 경제학조차도 많은 한계점을 지니고 있는데, 인간의 행동이나 습성을 이해하지 않고 합리적인 인간 가설을 벗어나지 못한 전통적인 경제학이 조금은 현실성이 떨어지는 것은 어쩔 수 없는 일인지도 모른다.

2부

—

가치와 효용

효용과 가치

근원적 가치

효용이란 개념이 나오기 이전부터 많은 경제학자들은 재화의 근원적 가치에 대해서 고민했다. 이후 재화의 가치를 판단하는 도구로써 효용이라는 개념을 사용하게 되었는데 효용이라는 개념이 생기기 전에도 다양한 방법으로 경제학자들은 근원적이고 본질적인 가치에 대한 탐구했다. 그러한 재화의 가치에 대해서 1770년대 후반부터 1870년대에 활동한 경제학자들은 "노동의 양이 재화의 가치를 결정한다."라는 노동가치설이 기초가 되었는데 노동가치설에는 '지배노동가치설(특정 상품의 가치가 그것을 지배하는 다른 상품의 양에 따라서 결정된다는 설)'과 '투하노동가치설(특정 재화를 만들기 위해서 투입된 노동의 양에 따라서 가치가 결정된다는 설)'로 나눠지게 되는데 가치를 설명하기 위해서 시장 가격과 자연 가격이라는 개념을 도입하였다. 그들에 따르면 시장 가격은 결국은 그 본연의 가치인 자연 가격을 향해

효용의 시대가 온다

서 움직이게 된다고 생각했다. 국부론을 쓴 애덤 스미스는 다음과 같이 자연 가격에 대해서 말했다.

> 어떤 상품의 가격이 그 상품을 제조하여 시장으로 내오는 데 사용된 토지의 지대, 노동의 임금, 자본의 이윤을 각각의 자연율에 따라 지불하는 데 과부족이 없다면, 그 상품은 이른바 그것의 자연 가격(natural price)으로 판매되는 것이라 할 수 있다.
>
> 자연 가격은 모든 상품들의 가격이 끊임없이 그것을 향해 끌려가는 중심 가격(central price)이다. 각종 우연한 사건에 의해 상품의 가격이 이 중심 가격보다 상당히 높게 유지될 수도 있고, 또 때로는 그것보다 상당히 아래로 떨어질 수도 있다. 그러나 가격이 이 안정 및 지속의 중심에 정착하는 것을 방해하는 장애물이 무엇이든, 가격은 끊임없이 자연 가격을 향해 움직이고 있다.
>
> 자연 가격 그 자체는 그 구성 부분 각각, 즉 임금·이윤·지대의 자연율과 함께 변동한다.
>
> ─《국부론》, 애덤 스미스, 비봉, 72~82쪽

중상주의	고전주의	신고전주의
- 국제지수론 　Mercantilism - 토마스 그레샴	- 노동가치설 등 - 칼 마르크스 등	- 효용론 - 밀, 벤담 등

사용 가치와 교환 가치

애덤 스미스는 그의 저서 《국부론》에서 시장 가격은 우연적 요인과 유효 수요에 의해 변동되므로 결국 상품의 진정한 가치는 사용 가치와 교환 가치로 나눠지는데 교환 가치는 노동이 그 원천이며 진정한 척도라는 노동가치설에 힘을 실어 주었다. 아마도 애덤 스미스가 재화의 사용 가치에 주목한 요즘 핫한 공유 경제(sharing economy) 플랫폼들을 알고 있었더라면 가치에 대한 그의 인식이 조금 바뀌지 않았을까? 하는 생각이 든다. 에어비앤비, 우버와 Wework 등의 공유 경제는 기존의 재화를 공급하던 공급자가 아닌 제3의 공급자를 찾는다. 혼자서 수원으로 자가용을 이용해서 이동하는 개인이 옆자리에 누군가를 태우고 집에 남는 방에 손님을 받아서 잠자고 있는 공간에 가치를 입히는 일이 이에 해당될 것이다.

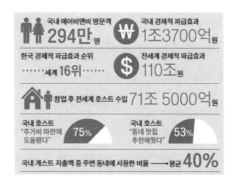

에어비앤비 홈페이지 미디어 자료 중(2019년 7월 3일)

애덤 스미스가 분업 사회(Division of labor)를 신봉하였던 사람이라는 점과 핀공장의 분업 효과에 대해서 책에서 이야기했던 것과 같이 생산성의 향상이 가져오는 효용의 증가를 이해했다는 점에서 "모든 것의 진정한 가격은 사람이 그것을 얻기 위해서 지출할 수 있는 노고와 수고의 가격으로 해당 제품에 구매할 수 있는 타인의 노동의 양과 동일한 가치에 해당한다."는 말로 교환 가치로 설명하려 하였다. 하지만 애덤 스미스의 말에 따르면 분업을 통해서 만들어진 핀과 각 장인이 만든 핀에서 사용 가치의 변화가 없다면 교환 가치가 올라야 하고 택시를 통해서 높은 비용을 주고 수원까지 이동한 사람과 카쉐어링을 통해서 저렴하게 이동한 사람 중 택시를 탄 사람이 훨씬 높은 만족과 효용이 있어야 하는데 대부분의 경우 목적지까지 무사하게 도착하였다는 필요 목적이 달성된 경우 크게 차이를 느끼지 못한다.

이에 대해서 사실 애덤 스미스는 이를 "투하 노동량이 상품의 교환 가치의 변화 등을 규제하는 유일한 원인이 아니라 그것은 일정한 추가 금액을 더한 교환 가치를 결정하는 것."이라는 애매한 표현과 추가 금액이 어떻게 생성되는지를 설명하지 않음으로써 노동의 가치인 소득의 설명 없이 가격을 설명하려 하였으나 소득의 설명 없이 가격을 설명할 수 없다는 순환 논법에 빠진 것처럼 보인다. 이는 스미스가 투하 노동가치설에서 지배 노동가치설로 변화된 것에는 상품 가치 속의 노동의 가치를 측정하지 못하고 상품 가치의 결정 및 상품 가치의 측정을 혼돈한 것은 아닐까라고 생각된다.

시점에 따른 가치의 차이

또한 효용이라고 하는 것은 앞에서도 말했듯이 시점에 따른 차이가 존재한다. 다시 말해서 실제로 생각했던 가치에 비해서 훨씬 가치가 낮을 수도 높을 수도 있다는 것이다. 냉면을 먹고 우리가 생각하는 효용이 100이었는데 50의 효용이 오게 될 수도 있는 것처럼 말이다. 이는 우리가 냉면을 먹기 전에 지불한 경우의 가치는 100의 효용을 가져올 재화이나 실제로 소비를 하고 난 이후에는 50의 효용을 가져온 재화이기 때문이다.

그렇다면 시점을 조금 길게 가져가 보면 어떨까? 예전에 우리가 생각하는 하얀 쌀밥의 가치는 매우 높았고 잡곡밥보다도 훨씬 높았다. 그러나 지금은 어떤가 건강식이라는 이유로 쌀밥보다 잡곡밥을 선호하는 사람이 늘면서 잡곡밥의 가치가 훨씬 높아지게 되었다. 더 간단한 예로 우리가 맛있는 케익 등을 먹기 전이나 먹는 순간까지 높은 효용(만족)을 느끼다가 다 먹은 후에 우리가 섭취한 칼로리 때문에 후회한 경험이 한 번씩은 있을 것이다. 이 역시 효용이 시간에 따라서 계속 변화하게 되는 경우이다. 개개인에 대해서도 가치가 변하는 것이지만 사회 전체에 있어서도 가치는 계속 변화하게 된다.

경부 고속도로를 만들던 시점에 많은 사람들은 그 땅에 농사를 짓는 것이 훨씬 많은 효용을 가져온다고 생각했고 그 당시 기준으로 어마어마한 돈을 들여서 고속도로를 짓는 것에 회의적인 사람들이 많았다. 그러나 고속도로는 그 이후 물류혁명을 통해서 거대한 효용을 만들어 내었으며 우리나라를 발전시키는 원동력이 되었다. 또한 비슷한 예로 IMF로 어려운 상황에 있었던 우리나라에서 전국에 초고속인터넷 사업 역시 많은 반대가 있었지만 결국 오늘날의 대한민국을 인터넷 강국으로 바꾸어 놓았다.

비슷한 예는 해외에도 무수하게 많다. 알레스카와 루지애나를 각각 720만 달러(현재 가치 미화 1억 2100만 달러, 한화 약 1410억 원의 가치)와 1500만 달러(현재 가치 미화 2억 1900만 달러, 한화 약 2650억 원)에 구입한 미국 정부는 당시 반대파로부터 많은 비난을 받았지만 알레스카에 매장된 수백조 원 가치의 천연자원과 미시시피강을 통한 해안 물류의 효용은 역시 수백조 원 이상에 달할 것으로 추산된다.

이처럼 많은 효용을 가져올 것이라고 믿었던 사업이 그 당시에는 효용을 느끼지 못하지만 10년, 100년 후에 그에 대한 평가가 내려지기 전까지 이에 대한 정확한 가치를 우리는 알 수가 없다.

비물질적인 가치에 대한 저평가

만약 내가 친구와 같이 치맥을 하면서 즐거운 시간을 보내고 있는데 갑자기 그 친구가 이렇게 이야기한다고 하면 어떨까? "친구야, 너도 알고 있겠지만 나는 유명한 컨설턴트로 시간당 가치가 500$이니까 최소한 300$은 나한테 지불하지 않겠니?"

또는 그 친구가 이야기하지 않더라도 우리는 우리들의 친구가 나와의 관계를 위해서 며칠씩 업무를 쉬거나 가게를 닫으면서까지 해외의 친구의 결혼식 또는 다양한 경조사에 참가해 주는 경우 우리는 미안함을 느끼거나 그 친구를 대단한 사람이라고 생각한다. 그러나 우리는 그 비용을 지불하면서 우리가 결혼식을 참가함으로써 그 친구가 느끼는 즐거움과 효용의 가치에 대해서 많이 생각해 보지는 않는다. 앞의 장에서 이야기한 대로,

"그 친구 내 결혼식에 와서 500U나 효용을 얻었네. 결혼식장이 해외여서 장기간 휴가로 8천 불이나 못 벌었다고 하던데 8천 불 손해 보고 500U면 엄청나게 이득 보는 장사한 거 같은데?"

라고 말하지 못한다. 그러다 보니 우리는 우리가 사회적인 관계를 통해서 얻을 수 있는 효용에 대해서는 가치 측정이 어렵다는 이유로 자꾸 부정하게 된다. '브루노 S. 프라이'는 그의 저서 《행복연구가 21세기 경제학의 지평을 바꾼다》에서 우리는 우리가 사회적인 관계에서 얻는 가치를 점점 과소평가하게 되었고 이로 인해서 우리사회가 물질만능주의로 간다라고 생각했다.

실제 가치로 계산되지 못하는 효용

위와 같이 노동에 따라서 또는 효용에 따라서 가치가 결정된다고 하

는 이론에는 많은 한계가 존재했다. 그러나 이는 가치를 측정하는 방법이나 기준이 없기 때문이기도 했다. 실제로 고전주의 경제학자들 사이에서도 차이가 있었는데 윌리엄 퍼티는 토지와 노동을 동등한 가치 형성의 원인으로 파악하는 토지-노동가치설을 주창하였고 마르크스나 스미스는 노동가치설을 리카르도는 생산비용설을 가치 형성의 요인으로 꼽았다. 그 후 효용의 개념으로 발전되었다고는 하지만 실제 금액적으로 계산되지 못하는 효용에 대해서 어떻게 접근할 것인가의 태생적인 한계를 지니게 된다.

예를 들어, 우리가 하는 자원봉사활동 또는 기부활동 등에 대해서 사람들이 왜 그러한 행동을 하면서 행복감, 즉 효용을 얻을 수 있는지에 대한 설명을 만들어 낼 수가 없다. 굳이 설명을 하자면 벤담이 말한 친목이 주는 행복으로 일부분이 설명이 될 수는 있겠으나 동일하게 이 가치를 어떤 기준으로 정확하게 측정하는가에 대해서는 무상으로 제공된 노동이므로 뾰족한 수가 없다.

이에 대해서 미래학자 엘빈토플러는 프로슈머 경제라고 이야기하며 보이지 않는 경제의 어마어마한 규모에 대해서 언급했다. 여기서 이야기하는 보이지 않는 경제(Invisible Economy)는 마약이나 탈세가 판치는 어둠의 경제를 말하는 것이 아닌 이웃을 위해서 또는 자식을 위해서 구워 주는 따뜻한 애플파이를 위해서 사용되는 본인의 노동력 또는 화재나 질병 등의 국가위기상황을 위해서 기꺼이 손발을 걷고 나선 무수의 자원봉사자들이 바로 프로슈머의 경제이고 우리가 아는 화폐 경제는 이러한 프로슈머의 경제적인 생산력이 없이는 단 10분도 생존하지 못할 것이라고 단언했다. 이후 프로슈머를 넘어서 크리슈머까지 발전되게 된다. 우리는 이러한 보이지 않는 가치들을 우리는 어떻게 측정하고 평가할 수 있을까?

상대 가치와 절대 가치

기대 효용과 구매결정

사실 재화 등에 대한 정확한 가치를 알아 가는 것은 쉬운 일이 아니다. 특히 요즘처럼 마케팅과 광고가 넘쳐나는 상황에서 자신이 기대했던 가치보다 대부분의 사람들이 구입한 재화에 대해서 후회해 본 경험이 있다고 한다. 실제로 영국의 보고서에 따르면 82%에 달하는 사람들이 본인들의 구입한 재화나 서비스에 대해서 후회한 적이 있다고 대답했다. 본인이 해당 재화에 대해서 느끼는 효용이 기대보다 미치지 못했다는 이야기이다.

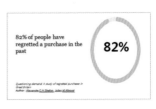

Alexandra C.H.Skelton 충동구매에 대한 연구, 2017

또한 흥미로운 사실은 남녀를 불문하고 많은 사람들이 음주 등을 하였을 때 사람들은 더욱 쉽게 구매의사결정을 내린다는 점이다.

이는 사람마다 각 재화나 서비스를 통해서 얻을 수 있는 효용이 매우 상의하며 심지어는 동일한 사람이어도 그 사람의 상태에 따라서 재화의 가치에 대한 판단 기준은 계속 변화한다는 점이다.

특히 이 중에서도 사용 가치는 사용하는 사람에 따라서 매우 달라지게 되는데 예를 들어, 덤프트럭기사가 보는 덤프트럭의 가치는 쉽게 효용적인 금액으로 전환되어 사람들은 해당 트럭의 구입으로 벌어들일 수 있는 향후 기대 수익과 현재 투입 비용을 비교해서 구입이라는 의사 결정을 하게 된다.

하지만 강남의 사모님들이 타는 고급 자동차 등의 수익과 효용을 어떻게 금액적인 금액으로 환산하여 비교할 수 있을까? 매번 자녀들의 픽업 등을 위해서 사용되는 경우 단순하게 '픽업비용 * 횟수'로 쉽게 금액화할 수 있을 것이다. 하지만 동일한 고급 자동차라고 하더라도 대기업의 회장님이 타는 고급 자동차는 회장님의 시간당 비용과 대기업 회장님의 편의를 위해 투여되는 가치가 될 것이어서 사모님의 고급 자동차보다는 압도적으로 높은 가치를 가진 것처럼 생각된다. 하지만 자녀들의 픽업과 각종 모임을 위해서 사용되는 사모님의 고급 자동차여도 만약 그 아이가 토마스 에디슨처럼 인류 역사상 중요한 변화를 주는 인물이었다라고 한다면 이야기는 달라질 것이다.

효용의 전환과 "Value of Use"

우리들이 잘 아는 이야기로 칼이 의사에게는 소중한 생명을 살리는 도구이지만 도둑에게는 흉기로 바뀌는 것처럼 수술용 칼을 훔친 일반인이 그 칼을 의사에게 돌려주기 전까지 그 수술용 칼의 사용 가치는 Value of Use가 매우 낮은 상태로 되어 있을 것이다. 애덤 스미스가 말한 "보이지 않는 손"의 이론에 따라서 그 일반인은 그 칼이 비싼 칼임을 알고 인터넷 등을 통해서 판매한다면 결국 사용 가치는 다시 올라갈 것이지만 그렇지 않고 그 칼이 녹슬어서 못 쓰게 될 때까지 그냥 둔다면 자원의 가치는 매우 낮은 상태로 끝날 것이다. 그러나 여기의 금액적인 가치와 시장(Market)이 존재함에 따라서 효용이 낮은 상태의 자산을 효용이 높은 상태의 물건으로 전환시키는 작업이 자연스럽게 이루어지게 된 것이다.

금액적인 가치(Monetary Value) : 휴면상태 또는 최적의 효용에게 전환

결국 금액적인 가치는 결국 휴면상태의 자산을 다시 높은 가치의 자산으로 전환시키는 커다란 역할을 한 것이고 사람들의 그러한 행동을 오래전부터 애덤 스미스는 "보이지 않는 손"이라는 표현으로 인식하고 있었던 것이다.

다만 여기에는 절대적인 한계가 존재하게 된다. 예를 들어, A라는

사람은 오렌지를 먹을 때 매우 높은 효용을 얻었지만 B라는 사람은 사과를 먹을 때 높은 효용을 얻었다고 할 때 실제 가치는 어떻게 될까? 대략적인 칼로리의 가치로 비교는 할 수 있겠으나 실제로 우리 몸에 그 시점에 어느 정도의 도움을 주었는지는 아무도 알 수 없다.

화폐를 통한 상대 가치

효용의 기본 원리에 따르면 효용은 실제의 사용 가치(Value in Use)와 반드시 일치하지는 않기 때문이다. 예를 들어, 생산량이 동일하다고 가정할 때 오렌지를 좋아하는 사람의 수가 90이고 사과를 좋아하는 사람의 수가 10밖에 없다라고 하면 수요 공급 곡선에 따라서 오렌지의 가치가 사과보다 높아야 한다. 내년에 사과가 흉작으로 가치가 크게 올라갈 것이라고 생각하게 된다면 여기에 희소성이라는 가치가 들어가 가치를 크게 올려 버리게 된다.

이는 유럽에 있던 튤립의 투기에서도 비슷하게 나타났다. 우리가 생각하는 가치는 사실 알고 보면 전부 상대적인 가치이다. 우리가 100 $, 200 $ 하는 금전적인 가치 그리고 효용에 관한 다양한 이론들에서 말하는 효용들은 결국 인간이 편리함을 위해서 사용하는 화폐라는 측량의 도구를 통해서 임의로 만들어 낸 보편적인 가치일 뿐 원래부터 존재하고 있던 것은 아니다. 따라서 이 개인이라는 도구를 투영해서 만들어 낸 가치와 실제 가치와 항상 괴리가 존재하기 때문이다. 효용의 개념 역시 상대적인 개념이기 때문에 중세의 어려운 삶을 살았던 많은 사람들이 지금의 사람들보다 더 못한 행복을 가졌을 것이라고 보기 어려운 것이 이 때문이다. 실제 한국에 많은 사람들이 지금의 빌딩촌의 펜트하우스에 살면서도 1970년대의 쪽방에서 살던 시절을 그리워하는 이유이기도 하다. 이는 다양한 매체들을 통해서 전달되는 다양한 정보들 속에서 흔들리지 않는 자신의 가치관과 자신의 행복을 찾는 일이 오히려 점점 힘들어지고 있기 때문일 것이다.

만약 어떤 재화를 전 세계의 모든 사람이 동일하게 소중하게 생각한다면 이를 우리는 절대 가치라고 할 수 있을까? 그렇다면 그 가치가 어느 정도의 기간 동안 우리에게 동일한 가치를 부여할 수 있을까? 예를 들어, 달러나 금은 어떠한가? 비트코인과 같은 가상화폐들은 어떠할까? 100년 뒤, 200년 뒤에도 유지되는 가치가 될 것인가?

기축 통화와 효용

> 화폐는 인류의 사회경제를 유지하게 하는 혈액과도 같다. 이 혈액의 원천을 공급하고 장악하는 자가 자연히 강세를 선점한다.
>
> — 쏭훙빙, 《화폐전쟁》

지금은 조금 지난 이야기지만 많은 책이나 블로그 또는 논문 등에서 달러의 기축 통화와 위안화의 굴기 등에 대해서 많은 논쟁(Debate)이 있었다. 나를 비롯한 이미 우리에게 너무 오랜 기간 달러는 기축 통화의 자리를 유지했으며 지금은 조금 현실성이 떨어지는 이야기가 되었지만 한동안 많은 사람들이 중국의 위안화가 미국의 기축 통화 자리를 빼앗을 것이라고 생각했다. 2013년 중국의 천위루 중국 인민은행 통화정책위원은 "30년 안에 위안화가 세계 기축 통화로서 달러를 대체할 것."이라고 자신했다. 이후 2016년 IMF의 5개 주요 통화 바스켓에 중국 위안화가 포함되면서 본격적으로 위안화의 세계 기축 통화의 1단계인 아시아 기축 통화의 위치를 차지하게 될 것이라고 많은 경제 연구소와 단체들은 이구동성으로 이야기했다.

하지만 시간이 조금 지난 지금 결과는 어떠한가? 위안화의 가치는 계속 줄고 있고 IMF의 주요 통화 바스켓에 포함되었음에도 세계주요 국가들의 외환 보유고의 위안화 비중도 오히려 줄고 있거나 크게 늘어나지 않고 있다. 하단의 표를 보면 위안화는 1.1%로 호주 달러(Aussi Dollar)보다 절반 정도의 수준밖에 차지하지 못한다. 많은 사람들이 이야기할 것이다. 유태인 자본이 중국 자본을 원치 않아서라는 음모론부터 세계금융당국은 전부 긴밀하게 연결되어 있어서 달러를 줄이고 위안화를 늘리면 미국이 가만두지 않을 것이라는 주장을 공공연하게 하는 유투버들도 많이 있다.

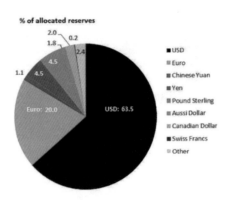

Official FX Reserve

% of allocated reserves

- USD
- Euro
- Chinese Yuan
- Yen
- Pound Sterling
- Aussi Dollar
- Canadian Dollar
- Swiss Francs
- Other

USD: 63.5
Euro: 20.0
2.0
0.2
1.8
2.4
1.1
4.5
4.5

전 세계 각 중앙정부들의 외환 보유고 현황

하지만 과연 그럴까? 외환 보유고의 위안화 비중의 증가와 달러화 비중의 감소가 미국이 즐거워할 상황은 당연히 아닐 것이다. 그러나 많은 국가의 외환 보유고는 거래 통화에 기반해서 결정된다. 따라서 전 세계 무역에서 위안화 거래의 비중을 보면 위안화 거래량은 어마어마하게 늘고 있음에도 미국이 무서워서 매우 낮은 수준의 위안화를 각국의 중앙은행들이 가지고 있어야 한다. 하지만 하기의 표를 보면 위안화 결제량도 시간에 따라 약간의 편차는 있지만 줄거나 거의 비슷한 수준인 2% 전후로 유지되고 있고 일본 엔화의 결제 비중이 8.4%인 점을 감안하면 위안화는 아시아의 기축 통화의 자리도 쉽게 가져올 수 있을 것으로는 보이지는 않는다. 오히려 아시아의 주요 거래 통화는 엔화로 보이며 위안화는 캐나다 달러나 뉴질랜드 달러 수준의 거래 통화로 밖에 보이지 않는다.

World Most Traded Currencies

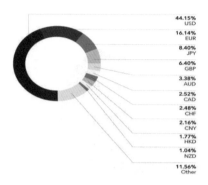

Source: Bank for International Settlements(BIS), 2019

그렇다면 무엇이 기축 통화를 만드는가? 많은 사람은 중국 위안화가 성숙한 금융시장, 화폐 개방, 시장의 신뢰 등을 얻으면 기축 통화가 될 수 있을 것이라고 이야기하고 어떤 이는 중국의 금 보유량이 미국의 보유량인 8,136톤을 넘어서면 된다고 이야기하기도 한다. 이는 물론 어느 정도 일리가 있는 말이다. 하지만 미국보다 훨씬 오래전부터 금융이 발전되었고 시장의 신뢰가 높은 유로화가 기축 통화가 되지 못하는 이유가 무엇인가? 신뢰가 중요한 금융시장에서 특별한 혜택(Benefit) 없이 달러를 위안화를 바꿀 사람은 없을 것이다. 위의 모든 조건들은 세계에서 널리 통용되는 기축 통화가 없을 때 이야기인 것이다. 하지만 기축 통화는 오래전부터 존재해 왔으며 효용을 찾아서 기축 통화는 끊임 없이 변화해 왔다는 점이다.

기축 통화의 변화

〈조선비즈〉 2016년 11월 7일 기사 중 발췌

　기축 통화를 이야기할 때 많은 사람들이 로마시대의 데나리우스나 솔리두스를 이야기한다. 하지만 이는 기축 통화로 보기 어려운 점이 있다. 강력했던 로마 내에서의 교역 또는 강력한 로마와의 교역을 위해서 사용되는 경우가 대부분으로 제3국 간의 거래에서 사용되는 경우가 극히 적었다는 점이다. 예를 들어, 미국과 거래를 하는 국가들 또는 미국이 거래의 한쪽 상대방으로 들어가 있지 않은 경우에 대부분의 빈도로 달러 결제를 하는가가 결국 기축 통화의 중요한 지표가 되는데 우선 국제 교역 자체가 매우 적었고 국제 통화의 니즈(Needs) 자체가 매우 낮았다.

　필자가 보는 최초의 기축 통화는 듀카트(Ducat)나 플로린으로, 향신료 무역을 독점했던 이탈리아(베네치아)의 통화였고 많은 국가들이 사용했기 때문이다. 당시의 후추는 금보다도 비싼 부의 상징이자 대항해 시대(Age of discovery)를 촉발한 원인이기도 했다. 오죽하면 바스코 다가마를 비롯한 많은 항해사들이 목숨을 걸고 아프리카를 돌아서 인도까지 후추를 가지러 갔겠는가?

냉장고가 없던 시절에 고기의 냄새를 없애 주는 후추는 고기 요리 또는 고기의 보관에 매우 효과적이었고 후추의 독특한 향과 맛에 길들여진 유럽의 귀족들 사이에서 후추는 없어서는 안되는 상품이 되어 버렸기 때문이다. 당시 후추 한 상자는 170듀카트였는데 이는 여

MBC 스페셜 '스파이스 루트', 2008

A **Venetian ducat** was 3.545g of pure (by Renaissance standards) gold - it was essentially a bullion trading coin. At today's gold prices, one ducat is worth $148.83...

Wikipedia

성 노예 3명 이상의 가치를 지녔고 위키피디아에 따르면 1듀카트는 약 148$ 정도의 가치를 지녔던 것으로 보여진다.

이는 한화로 약 3천만 원 정도에 해당되는 금액으로 원가 대비 몇만 퍼센트의 이윤이 남는 장사였던 것으로 보인다. 당시 유럽의 은화가 향신료 구입 때문에 모두 소진되어 유럽이 대항해 시대와 아시아 식민지 시대를 초래했다고 하는 주장도 있었다. 하지만 확실한 것은 당시 귀족들 사이에서는 향신료를 어느 정도 가지고 있는가가 부의 척도가 될 정도로 중요했고 와인을 마실 때 후추를 쳐 주는 게 귀족들 사이에서 유행하였을 정도로 요즘 말로 최애템이었던 후추임은 확실하다.

400여 년 동안 후추 무역으로 번성한 베네치아
(출처: 위키피디아)

당시 르네상스의 중심지였던 베네치아는 거의 400여 년에 이르는 시간 동안 유럽의 부의 핵심이었던 후추 무역을 독점하면서 후추의 결제 통화가 되었고 이를 기반으로 많은 유럽의 국가들의 기축 통화의 자리에 오를 수 있었고 후추 무역을 잃으면서 기축 통화의 지위를 잃어버린 후 패망까지 이르게 된다.

원자재로 보는 오늘날의 기축 통화

그렇다면 오늘날의 후추는 무엇인가? 누구도 부정하지 않는 모든 국가에서 범용적으로 사용되는 바로 석유일 것이다. 1975년 석유파동 이후 당시 미국의 국방장관인 헨리 키신저(Henry Kissinger)는 사우디아라비아를 설득해서 OPEC을 장악하고 OPEC에서 석유 대금의 결제를 달러로만 가능하게 되었다. 이후 달러는 석유의 가치와 밀접한 상관관계를 가지게 되었으며 달러 자체의 존재 효용도 석유 거래의 편의성이라고 하는 효용에 포함되어 버렸다.

블룸버그 달러 인덱스와 원유 선물의 비교 차트

많은 국가들의 통화를 바스켓으로 만들어 둔 블룸버그 달러 인덱스에 -1을 곱해서 역의 관계로 두고 원유 차트를 연결하여 보면 선행하는 시기와 후행하는 시기의 차이들은 있지만 달러의 상대적인 가치가 오랜 기간 원자재의 가치와 비슷하게 움직이는 것을 쉽게 찾아볼 수 있다.

이는 달러가 가진 원자재의 결제 통화로의 가치가 존재하기 때문인데 만약 모든 원자재가 달러가 아닌 위안화로 거래되게 된다면 원자재와 달러 인덱스가 가지는 역방향의 상관관계 차트는 더 이상 유효하지 못하게 될 것이다.

끝으로 많은 분들이 물어보는 금본위제의 부활의 필요성과 금을 언더라잉으로 한 디지털 통화 등이 가져올 새로운 기축 통화에 대한 이야기, 중국이 미국보다 금 보유고가 높으면 달러는 붕괴될 것인가 또는 금은 장기적으로 필연적으로 오르는가에 대한 부분에 대한 필자의 생각이다.

효용의 시대가 온다

최근 몇 년간의 불안심리를 통한 일시적인 금 가격 상승과 하락은 있었지만 달러는 더 이상 후추 시대의 기축 통화였던 금과 정확한 링크를 가지지 못하며 특히 금본위제 폐지 이후 금의 존재효용에는 많은 의문이 생겨났다. 따라서 상관관계가 높지 않은 금 보유고가 늘어난다고 중국 위안화가 기축 통화가 되지는 않을 것이다. 또한 중국 위안화가 새로운 커다란 효용을 가져오지 않는다면 기축 통화가 바뀌는 일을 없을 것이다. 달러 패권이 유지되는 상황에서 달러를 대신할 기축 통화에 대한 음모론이 계속될수록 금값은 계속 움직일 것이다. 하지만 4차 산업 혁명과 에너지 전환으로 석유가 가지는 전 세계의 산업에 미치는 어마어마한 효용이 다른 원료로 대체되고 해당 원료나 기술이 특정 통화로 거래된다면 이는 다른 이야기가 될 것이다.

유럽의 튤립 투기[1]

    1630년대 네덜란드에서는 수입된 지 얼마 안 되는 터키 원산의 원예 식물인 튤립이 큰 인기를 끌었고, 튤립에 대한 사재기 현상까지 벌어졌다. 꽃이 피지 않았는데 미래 어느 시점을 정해 특정한 가격에 매매한다는 계약을 사고파는 선물거래까지 등장했다. 1630년대 중반에는 뿌리 하나가 8만 7,000유로(약 1억 6천만 원)까지 치솟았다. 그러나 어느 순간 가격이 하락세로 반전되면서 팔겠다는 사람만 넘쳐 나 거품이 터졌다. 상인들은 빈털터리가 되었고 튤립에 투자했던 귀족들은 영지를 담보로 잡혀야만 했다. 이러한 파동은 네덜란드가 영국에게 경제대국의 자리를 넘겨주게 되는 큰 요인이었다.

    헨드릭 게리츠 포트가 그린 튤립 열풍에 대한 그림에서 꽃의 신인 플로라는 두 얼굴의 여성과 환전상, 술꾼과 함께 차를 타고 바람에 의지해 앞으로 나아가고 있다. 그들의 뒤를 타락한 하를럼의 직조공들이 따르고 있으며, 그들

헨드릭 게리츠 포트의 튤립 열풍에 대한 우화(출처: 위키피디아)

모두가 가는 길은 바다로 이어지고 있다.

---

1 출처: 위키피디아.

가치관과 효용 그리고 가치

화폐를 통해서 투영된 각 재화의 상대 가치

그렇다면 우리가 화폐를 통해서 투영된 각 재화의 화폐 대비 상대 가치는 얼마나 정확한 것일까? 상대 가치의 대상이 인간이다 보니 인간의 모든 재화는 기본적으로 인간을 위해 만들어져 있는 것이며 희소성 등의 다양한 이유에 따라서 가치는 변화할 것이다.

이는 인간의 최신형 컴퓨터의 가치를 지구 전체에서 볼 때 인간의 세상에서 인류를 유지하는 목적에서는 큰 가치를 가질지 모르겠으나 많은 동물, 곤충, 식물들에게 그 가치는 틀림없이 0일 것이다. 물론 곤충이나 동물들이 지각하지 못하지만 그 컴퓨터로 생존이 늘어날 수 있다면 그 안에는 측정되지 못한 가치가 있다고 볼 수 있겠지만 인간의 기준으로 보는 가치가 가장 정확할 것이며 활용도에 따라서 인간이 사용하게 된다면 그 가치는 무궁무진해질 수 있다.

힉스 이론을 발전시킨 존 힉스는 사실 효용을 측정할 수도 측정할 필요도 없다는 결론은 멋대로 내 버린다. 아마도 행복과 효용의 측정만으로는 불완전하다고 생각했기 때문인지도 모른다. 결국 진정한 가치(Absolute Value)라고 하는 것은 효용만으로 측정할 수 있는 것이 아니라 노동력이나 다양한 요소를 가지고 측정할 수 있으나 이 역시 시간이나 사람의 가치관에 따라서 변화하기 때문에 시점에 따라서 완벽하지 않으며 비물질적인 가치에 대한 측정이 더더욱 어렵다는 것을 알 수 있다.

내가 느끼는 재화의 가치와 사회가 느끼는 재화의 가치

또한 효용과 동일 선상의 문제로 인간이 미래를 읽지 못한다는 한계로 인해서 미래의 내가 느낄 효용이 나 자신의 가치관의 변화에 따라서 그 물건 본연의 가치를 측정하지 못하게 된다. 결국 물건 본연의 가치(Absolute Value)와 나를 통해서 투과되는 물건의 가치라고 하는 두 개의 다른 가치가 존재하게 되는 것이고 효용(Utility)이라고 하는 것은 나를 통해서 투과된 물건의 가치라고 할 수 있을 것이다.

그럼 물건의 진정한 가치(True Value)라는 것은 무엇일까? 어떤 주체가 '절대적인 주체'이냐에 따라 다를 것이며 그 주체를 투영해서 나타내는 가치가 그 절대적인 가치가 될 것이다. 그 절대적인 가치는 신 또는 우주 등이 될 것이며 우리가 알 수 없는 영역일 것이므로 그 절대적인 가치에 대해서는 굳이 언급할 이유가 없으므로 무시하도록 하고 우선 나를 통해서 투과된 물건의 가치에 대해서 식으로 간단하게 표현하면 아래와 같은 식이 될 것이다.

$$U = (H + t) * I$$

U는 나를 통해서 투과된 가치, 즉 효용과 시점에 따른 차이를 제외하면 내가 생각하는 재화의 가치와 동일한 개념이다. H는 사람의 기본적인 성향이다. 본인이 도발적이고 다소의 비용이 들더라도 원하는 것을 이루어야 하는 욕망이 강한 스타일에 사람이라면 H가 높은 수치가 나올 것이며 본인이 소심하고 욕망 등에 중립적인 사람이라면 H의 수치는 낮은 수치가 될 것이다. H는 우리가 흔히 아는 성격에 대한 연구들과 같이 유전적인 부분과 성장하면서 겪은 경험 등에 기인하는 두 가지 다른 요소들이 있을 것이며 사회 전체 또는 버블 등의 시기를 경험하면서 자란 사람들은 H의 수치가 높을 것이고 저성장 시대에서 살았던 사람들의 H는 수치가 매우 낮게 나올 것이다.

따라서 이는 고성장 시대를 살았던 사람들이 대부분 미래에 대한 기대치가 높기 때문에 투기적인 성향이 강하고 요즘과 같이 저성장 시대를 살았던 사람들은 보다 안정을 선호하는 성향이 강하다. 따라서 저성장 시대의 사람들은 미래의 가치에 대한 기대치가 낮아 현재의 100원을 미래의 200원보다 선호하며 일반적으로 리스크 테이커의 숫자가 적다. 이는 리스크 테이킹으로 성공한 케이스가 너무 적기 때문에 경험으로 얻은 산물일 것이다.

예를 들어, 일본의 '밀리언 에어'라고 하는 퀴즈게임에서 눈앞의 50만 엔을 선택하고 100만 엔을 포기한 사람의 비율이 연령대에 따라서 크게 상의하게 나타나는 것도 이와 같은 현상에 대한 해석으로 볼 수 있다. 고성장 시대 또는 버블 경제를 경험하지 못했던 시대를 살았던 세대들은 미래의 큰 행복보다는 소소하지만 확실한 행복을 추구하는 경향이 강하다. 이는 요즘 한국에서 유행하는 "소확행"과도 일맥상통한다.

여기서의 t는 시점에 따른 가치관의 변화를 제외한 부분을 나타내는 것으로 이는 현재 시점의 심리적인 상태를 나타낸다. 기분에 따라서 또는 크리스마스 시즌 등에 물건들이 비싸게 팔리는 것이 이런 이유일 것이다. 따라서 H가 매우 낮은 사람의 경우라도 크리스마스일 때는 가끔 원래 가격보다 비싼 가격에 충동구매를 하는 것도 t에 따른 영향이라고 할 수 있을 것이고 시련 당한 이후에 술을 많이 사 먹게 되는 것도 이에 같은 이유라고 볼 수 있다.

I는 사람의 사물을 판단하는 또는 인지하는 능력과 그러한 능력 등을 통해서 본인이 가지고 있는 가치관을 나타낸다. 이는 각 사람의 지력 통찰력 관심 등에 따라서 크게 좌우된다. 이는 아무리 H나 I가 낮아서 충동구매를 안 하는 사람도 친한 친구 또는 신뢰되는 정보원의 말에 따라서 실제 가치가 100원인 물건을 1,000원으로 구매하는 경우가 이에 해당된다. 따라서 H나 t가 아무리 크다고 하더라도 그 사람이 생각하는 가치관에서 그것을 원하지 않는다면 그 재화는 그에게 아무런 의미를 가지지 않게 된다.

일반적으로 I의 가치관이 가장 쉽게 그리고 가장 크게 변화한다. 따라서 어떤 사람들의 경우는 I가 움직이지 않으면 본인의 성향이나 심적 상태와는 상관없이 가치관에 따라서 필요하다고 생각하는 경우에만 구입하는 사람들이 여기에 해당될 것이다.

하지만 유명하지 않은 작가의 특정 예술품이나 세상을 뜬 유명인의 유품 같은 경우 그 사람의 성향이나 심리상태에 영향은 받겠지만 그가 평소에 가지는 가치관에 따라서 그 물건이 특정 사람들에게는 몇백억 원의 가치 있는 물건이 되고 그와 같은 가치관을 지닌 사람들이 많아진다면 그들의 세상에서는 비싼 가격에 팔리게 된다. 이는 특정 가수들의 사인이 들어 있는 CD를 10배 또는 20배의 가격에 구입하는 사람들이 여기에 해당된다. 이와 같은 경우는 특정 사람들에게는 전혀 가치 없는 물건이지만 같은 가치를 공유하는 사람들에게는 큰 효용과 만족을 창출하며 이에 따라 매우 높은 가격에 거래된다. 사람의 모든 재화 및 서비스와 관련된 통한 의사결정에는 이 I, '가치관'이라는 개념이 크게 작용한다.

일본의 버블 시대와 소확행

1980년대, 일본의 주식과 부동산 시장 전반에 나타났던 거품경제를 설명한다. 일본은 당시 짧게는 1985년부터 1990년까지, 길게는 1980년부터 1992년까지 비정상적인 자산 가치 상승 현상을 겪게 되는데, 이후 거품이 붕괴되며 1,500조 엔의 자산이 공중분해된다. 그리고 그 결과 이후 일본은 인구 고령화, 금융시장 부실화, 정부의 미약한 대응, 디플레이션 등 여러 요인과 결합해 지금까지도 극복했다고 보기 힘든 장기불황을 맞게 된다. 버블 당시(1988년) 시가총액 기준 세계 50대 기업 가운데 무려 33개가 일본 기업이고 더구나 20위 위로는 일본 기업이 자그마치 16개에 게다가 시가총액 1위 NTT의 시가총액은 2위인 IBM의 3배가 넘었다. 버블 시대에 대한 내용은 후반부에 더 자세한 설명이 나온다.

원래 소확행이란 말은 일본의 소설가 무라카미 하루키(村上春樹)의 에세이 《랑겔한스섬의 오후(ランゲルハンス島の午後)》(1986)에서 쓰인 말로, 갓 구운 빵을 손으로 찢어 먹을 때, 서랍 안에 반듯하게 정리되어 있는 속옷을 볼 때 느끼는 행복과 같이 바쁜 일상에서 느끼는 작은 즐거움을 뜻한다. 이와 유사한 뜻의 용어로는 스웨덴의 '라곰(lagom)', 프랑스의 '오캄(au calme)', 덴마크의 '휘게(hygge)' 등이 있다.[2]

2　출처: 위키피디아.

가치관이라는 단어는 참 특이하다

영어로는 "Difference in priorities"라고 번역되기도 하나 이는 다른 우선순위를 나타낼 뿐 사람들이 뜻하는 정확한 의미가 되지는 못한다. 가치관은 Identity(정체성)와 core value(본질적 가치)라는 의미로 번역되기도 하나 일반적으로 인간이 삶이나 어떤 대상에 대해서 무엇이 좋고, 옳고, 바람직한 것인지를 판단하는 관점을 말한다. 조금 더 직역하면 사람들이 어느 것에 가치를 느끼는지를 말한다.

가치가 왜 중요하냐 또는 왜 같은 가치를 공유해야 하는가는 가치관에 따라서 행동이 결정되기 때문이다. 실제로 얼마 전에 모 인터넷 게시판에서 "가치관이 다르다는 이유로 헤어짐을 당했다."라며 이유를 물어보는 글을 보았다. 커플이나 결혼한 부부 중에 이혼하는 이유의 절반 가까이가 헤어지는 이유로 가치관의 차이를 꼽았는데 가치관이 워낙 포괄적인 의미이다 보니 아무도 쉽게 대답하지 못했다.

결혼정보 시장 업체의 조사 결과에 의하면 성공한 결혼에서 가장 중요한 요소 중 하나가 가치관을 꾸준하게 공유하는 것이라는 조사도 있듯이 가치관은 인간과 인간 사이에서 중요한 역할을 한다. 또한 가치관의 변화는 사회를 변화시키기도 하는데 2015년 결혼조사기관의 조사에 따르면 1인 가구의 증가 원인으로 결혼에 대한 가치관 변화를 압도적인 1위로 꼽았다. 또한 한국 여성정책연구원이 발표한 〈기혼 여성의 결혼 가치관 및 부부친밀감의 종단적 변화 유형 분류 2019년〉에 따르면 **"사회적 규범에 따라 아이를 가졌던 전통적 가치관이 약해지고 출산이 부부가 자발적으로 결정할 수 있는 문제가 되면서 과거 기성세대와 비교해 개개인의 가치관이 더욱 중요하게 되었다."** 라고 하면서 현

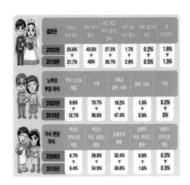

가족 가치관의 변화

재 많은 선진국에서 고민하고 있는 저출산 문제의 뒤에는 단순한 비혼(非婚) 문제가 아닌 결혼 가치관과 부부 친밀도가 크게 작용하고 있음을 알 수 있다.

1인 가구의 증가와 결혼 가치관

그뿐만이 아니다. 사회나 국가 단위를 떠나서 외교에서도 가치관은 점점 더 중요해지고 있다. 얼마 전에 일본의 모 총리가 중국을 견제하듯 자유와 민주주의라는 국가 레벨의 '공통의 가치관'에 대해서 여러 번 언급하였고 처음 총리가 된 직후인 2006년 10월에도 한국을 방문해 "한일 양국은 자유, 민주주의, 기본적 인권, 그리고 법의 지배, 시장경제라는 기본적 가치를 공유한다."라고 강조했듯 가치관은 작게는 개인이나 가정 크게는 국가나 사회 심지어는 국가 간의 외교에서까지 영향을 미치는 지적, 정신적인 구성 개념이며 사람마다 보이는 태도, 행동, 선택의 중요한 기준이 된다.

세상의 모든 가치는 가치관이란 필터로 결정된다

예를 들어, 어떤 사람이 다이아몬드를 산다고 했을 때도 사람 개개인에 따라 다른 이유가 존재한다. 앞장에서 말한 'U=(H+t)*I'라는 식을 기준으로 H가 크게 작용한 경우는 다이아몬드를 좋아하지도 않았고 특정한 이유가 없음에도 원래 충동적으로 많은 것을 잘 구매하는 사람이어서 또는 원래 본능적으로 보석 등을 좋아하는 사람이어서 다이아몬드를 구입하는 경우, t가 작용하는 경우는 도둑이나 범죄자가 구린 현금을 처분해야 하는 경우이거나 다이아몬드를 좋아하지 않았지만 결혼을 앞둔 여자인 경우(다이아몬드를 원래 좋아하면 H가 작용하므로), I가 크게 작용하는 경우는 그가 다이아몬드 마니아로서 다이아몬드를 수집해서 그 다이아몬드를 보는 것만으로 큰 효용을 느끼거나 또는 추후에 가격 상승이 있을 거라는 본인의 판단하에 투자 대상으로 다이아몬드를 사는 경우 등이 여기에 해당될 것이다.

다만 H에는 후천적인 성격 형성도 일부 기인하게 되므로 상황에 따라서는 I와 깔끔한 구분이 어려울 수도 있다. 조금 더 보충하면 버블기를 경험해서 리스크 테이커의 성향이 강해진 사람이어도 다이아몬드 투자 등으로 큰돈을 잃은 경험이 있거나 본인이 차트 분석 등을 통해서 본인이 생각하기에 가치가 낮다고 판단되는 경우가 H와 t가 높지만 I가 낮아서 구매를 하지 않는 경우가 여기에 해당된다.

일반적으로 동일한 가격의 물건이어도 위의 계산에 따른 구매에 따른 기대치 U가 실제 물건의 판매가치보다 클 때 인간은 구매를 선택하게 되며 구매결정 후의 효용도 동일하게 다양한 펙터들의 영향을 받는다.

물론 구매 후에는 충동적이냐의 여부보다는 본인의 결정에 자주 후회하는 성향인지 등등이 되겠지만 다양한 요소에 의해서 판단 가능할 것이다.

결국 우리가 생각하는 재화의 가치란 하기의 효용선 아래의 영역 부분만큼이 될 것이며 일반적으로 구매시점부터 해당

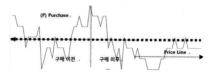

구매 시점과 구매 이후 시점의 가격 형성

재화의 효용이 끝나는 시점까지의 효용의 합을 우리는 해당 재화의 가치라고 볼 수 있을 것이다. 물론 앞서 이야기했던 해당 재화의 상대 가치가 되며 물론 모든 사람들에게 투영시켜서 절대가치를 예상해 볼 수는 있겠지만 우선은 무시하도록 한다. 실제로 구매 시점에서 예상된 효용의 양은 더 컸음에도 실제로 얻게 되는 효용이 낮을 수도 있다. 물론 여기의 효용이란 만족도이므로 H의 크기에 따라서 실제 효용이 예상 효용보다 낮았음에도 자연적으로 예상 효용으로 실제 효용이 수렴하려 가게 된다.

$$S = \int_{L(\text{재화의 효용 종료시점})}^{P(\text{구매시점})} = F(Ex(u))$$

H가 큰 사람은 많은 경우, 예상 효용 Ex(U)가 실제 구매 후 효용보다

너무 높다는 것을 느끼면 이를 억지로 조정해 억지로 남은 기간의 효
용의 양을 크게 생각하거나 본인의 실제 효용 자체를 높이기도 한다.
예를 들어, 장기 대출로 집이나 차를 구입해서 너무 삶이 힘들어도 계
속되는 자기 합리화를 하는 사람들이 여기에 속한다. 실제로 사람들은
본인의 결정이 잘못되었다는 것을 쉽게 받아들이기 어려운 성향을 가
지며 이를 확증 편향이라고 한다. 이는 외부 정보를 있는 그대로 받아
들여 처리하지 않고, 자신의 가치관과 일치하거나 자신에게 유리한 정
보만 선택적으로 받아들여 처리하려는 편향을 말한다. 선택적 지각이
일어날 때 사람들은 정보의 객관성을 중시하기보다 자신의 주관적인
가치에 따라 정보를 선택한다.

영화 〈신과 함께〉에서 70% 이상 손실이 난 신흥국 펀드에 몰빵한 마
동석(성주신 역)이 "펀드는 반드시 오른다."를 객관적인 근거 없이 주
문처럼 되뇌는 상황이나 상대 정당에 대해서 근거 없는 비판을 하지만
동일한 상황에서 자신이 지지하는 정당에 대해서는 전혀 상반된 태도

를 취하는 경우가 여기에 해당될 것이다.

이를 식으로 적어 보면 예상 효용가치의 합, Ex(U)가 특정 수준에 달할 것이라고 예상하였으나 실제로 구입하고 나서 보니 생각보다 효용이 낮아서 미래의 효용이 더 낮을 것이라고 생각되고 예상 효용 자체가 낮아지면 사람들의 행동은 보통 2개로 나눠진다.

$$\triangle \, Ex \, (U) = [\, Ex(U) - Ex(U)' \,]$$

본인의 성향을 나타내는 H가 높은 사람이면 억지로 자신의 Ex(U)의 합의 변화 분을 최소화하고 싶어 한다. 물론 이러한 행동에는 시간적인 요소도 관여하는데, 이는 그 사람이 어떤 심리 상태인가에 따라서 본인의 구매라고 하는 행동을 정당화하고 싶어 하는 정도가 결정되게 된다. Ex(U) 구매 전 예상 효용의 합은 많은 경우 Ex(U)' 구매 후 바뀐 예상 효용의 합과는 상의한 값을 취하게 되나 이를 H와 t등이 조정하는 과정을 거치게 된다. Ex(U)의 변화량을 최소화하려는 경향이 강한 사람일수록 보통은 선택적 지각 오류에 빠지기 쉽다.

필자는 업무상 본인이 추진하던 사업에 맞지 않는 결과가 눈에 보임에도 계속되는 자기합리화를 하는 경영진이나 직원들을 많이 본다. 속된 말로 우리는 "꼰대"라고 말하는 부류의 사람들인데 의외로 젊은 사람들 중에도 H가 비정상적으로 높은 사람, 즉 "꼰대"가 많다는 점이다.

선택적 지각 오류와 확증 편향

페이스북에서 더 많은 관심을 끌었습니다.
〈흥행 상위 20개 콘텐츠 공유·반응·댓글 건수〉
가짜뉴스 > 진짜뉴스
871만 1천 건   736만 7천 건

　가짜 뉴스가 판을 치는 세상이 오다 보니 미국의 트럼프 대통령도 가짜 뉴스와의 전쟁을 선포할 정도로 가짜 뉴스가 진짜 뉴스보다 많아진 세상이 된 게 사실이다. 일반적으로 가장 많은 사람들이 저지르는 실수가 보통 선택적 지각(selective perception)과 확증 편향(Confirmation bias)일 것으로 생각된다.

　'선택적 지각(selective perception)'은 자신이 보고 싶은 것만 보는 경향으로 정보를 객관적 전체적으로 받아들이지 않고 모호한 상황에서의 자신의 기존 인지체계와 일치하거나 자신에게 유리한 것만 선택적으로 받아들이는 것이다. 즉, 자신이 듣고 싶은 것만 듣고 보고 싶은 것만 보는 것이다. '확증 편향(確證偏向, Confirmation bias)'은 선택적 지각의 결과로 형성되는 경우가 많은데 확증 편향이 시작되면 보통 반대 의견은 공격하거나 배척하는 경향이 강해진다. 아무리 다른 증거를 제시해도 변명으로 보고 자신의 신념을 강화하는 방향으로 이어지게

효용의 시대가 온다

되는데 보통 앞에 광(狂) 자나 맹(盲) 자가 붙는 이들이 여기에 해당된다. 진화론으로 유명한 다윈은 선택적 지각 오류를 막기 위해 자신의 관찰 결과가 자신의 이론가 다른 경우를 반드시 기록하고 자신의 이론이 옳다고 확신할수록 반대되는 증거를 찾는 노력을 게을리하지 않았다.

효용과 가치 그리고 마케팅

가치관과 사용 가치

가치관 I는 위의 요소 중 가장 중요한 요소이고 실제로 앞의 두 개의 펙터가 0이 되지 않는 이상은 효용에 있어서 가장 큰 의미를 지닌다. I의 결과물인 효용을 조금 더 자세하게 들여다 보면 자신이 직접 느끼는 효용(Direct Utility)과 추후 해당 자산의 효용이 늘어날 것이라는 기대함에 따라서 생기는 효용(Indirect Utility)으로 나눠질 수 있는데 여기서 직접적인 효용(Direct Utility)은 직접적인 효용으로 주로 본인이 얻을 수 있다고 계산한 사용 가치를 나타낸다.

Indirect Utility는 앞에서 설명한 애덤 스미스의 교환 가치 쪽에 중점을 두기는 하지만 시점에 따른 사용 가치나 사용자에 따라서 조금은 더 가변적이다. 예를 들어, 미술품을 구입한 사람이 그 그림을 볼 때마다 행복감을 느끼고 스트레스가 풀리거나 동기부여가 되어서 업무 효율이 올라간다면 이는 직접적인 효용이 되겠지만 추후 미술품의 가격이 오를 것이라고 생각해서 구입한 경우에는 간접적인 효용으로 교환가치 등의 상승에 따라서 늘어나는 만족감이 여기에 해당될 것이다. 간접적인 효용(Indirect Utility)에는 또 두 가지가 있을 수 있으나 여기에는 미래에 높은 사용 가치를 가질 것이라고 생각한 미래 예상 효용에 대한 가치가 그 첫 번째이다. 여기에는 미래에 크게 도움이 될 것이라고 생각해서 미리 사 두는 지진 용품 등에 있으며 이는 구입 즉시 안심감 등의 효용이 발생하지만 실제로 지진 발생 시 도움이 안 되었을 때 그 효용은 다시 감소하게 될 것이다. 두 번째는 우리가 일반적으로 말하는 투자가 여기에 해당되며 추후에 돈이 될 것이라고 생각해서 하는 주식 투자 등이 주는 많은 미래적인 효용들도 여기에 해당된다. 특히 주식 투자와 같은 환금성 자산에 따른 효용은 환금 후 본인이 구입하게 될 재화 등의 양에 따라서 효용이 달라지게 되므로 측정에 어려움이 있으나 늘어난 부 또는 부를 늘리기 위해서 우리는 현재 내가 소유하고 있는 시간이나 재화를 사용하게 되는 것이 이에 해당된다.

미래적인 효용과 시간 가치

여기서 중요한 것은 내가 투자하고 있는 것은 단순한 재화뿐만 아니라 "시간"의 개념 역시 같이 투자된다는 점이다. 예를 들어, 우리가 주말마다 텔레비전을 보면서 의미 없이 하루를 보내다가 주말마다 운동을 시작했다고 한다면 추후에 있을 자신의 건강한 삶을 위한 시간적인 투자를 한 것이라고 볼 수 있으며 혼자서 전부터 관심이 있었던 "특허"에 관한 공부를 시작했다고 하거나 새로운 취미를 시작했다는 모든 결정들이 결국은 텔레비전을 보면서 있는 시간보다 가치가 크다고 생각을 했기 때문이다. 이처럼 내가 무엇인가를 선택하면서 포기해야 하는 다른 한쪽을 우리는 기회비용이라고 하며 이 역시 우리가 I를 통해서 가치를 판단하게 되는 것이다.

결국 I는 지금 자신이 가진 모든 지식과 능력을 통해서 직간접적으로 본인이 얻을 수 있는 현재와 미래의 가치의 크기에 대한 가치 판단이며 이는 금액(가격)의 크기와 상관없이 그 금액을 정당화(justify)시킬 수 있는 본인이 모든 사물을 보는 눈이라고 볼 수 있다. 또는 본인이 직접적인 효용을 얻을 수 없다고 하더라도 본인의 가치관에 따라서 추후에 비싸게 팔릴 수 있을 것이라고 하는 신념과 믿음으로 특정 재화를 비싼 가격에 구입을 하게 되는데 그런 경우를 간접적인 효용(Indirect Utility)으로 분류했다. 이와 같은 비간접적인 효용의 경우 Capital Gain이나 거래에 따른 Transaction Gain이 장기 또는 단기간에 기대되는 경우가 이에 속하며 보다 쉽게 부동산으로 설명하자면 본인이 직접적으로 느낄 수 있을 것이라고 생각하는 효용은 실수요가 될 것이고 간접적인 효용은 투자 및 투기적 수요가 이에 해당될 것이다.

여기서 간접적인 효용(Indirect Utility)을 좀 더 자세하게 들여다보면 재화의 가치에 대한 변동성(V)에서 본인의 한계 변동성의 차로 생각해 볼 수 있는데 여기서 재화의 가치의 변동성은 해당 재화에서 얻을 수 있는 미래 기간을 포함한 예상 효용의 변동성을 나타내며 본인의 한계 변동성(T)은 본인이 제어가 가능하다고 생각하는 허용 범위 (tolerance level)가 된다. 많은 투자에 실패한 사람들 중에는 본인의 한계 변동성을 제대로 이해하지 못해서 생기는 경우가 많은데 이는 결국 Data에 의한 표본의 정확도와 본인의 자가 인지도 또는 본인의 인식 능력 등 다양한 요소들이 여기에 영향을 주게 된다.

예를 들어, 간접적인 효용(Indirect Utility)을 노리고 부동산 투기를 했다고 했을 때 V는 해당 지역 아파트의 자산의 변동성, T는 해당 자산의 가격 변동성에 내가 대응할 수 있을 것이라고 믿는 본인의 능력으로 나타내 볼 수 있다. 본인의 한계 허용 변동성의 T는 본인의 지식이나 정보의 정확도 등 다양한 요소들이 영향을 줄 수 있으며 대상 재화의 가치의 변동성이 한계 변동성의 크기를 상회하고 있다면 일반 상황, 즉 안정적인 상황으로 볼 수 있고 그 반대라면 투자 실패의 리스크가 높은 상황이라고 볼 수 있을 것이다.

사회적 효용(Social Utility)

지금까지 효용이라고 하는 것은 과거에 느끼는 만족과 지금 느끼는 만족, 그리고 미래에 느끼는 만족도가 다를 수 있으며 이는 매번 느끼는 만족은 매번 변화하는 가치관이라는 도구에 따라서 측정되며 가변적이라는 것을 알아보았다. 특히 재화의 가치를 생각하는 경우 다양한 이유에 의해서 다음과 같은 가치를 보게 되는데 그중 아래의 1번과 2

번의 경우 미래에 대한 가치가 반영되므로 실제의 가치는 매우 가변적일 수 있으나 3번의 실제 사용에 의거한 가치는 변화의 정도가 가장 적을 수 있다.

또한 2번에서 말하는 금이나 다이아몬드는 사실 최근 몇 년 동안 많은 가치의 변화를 가졌고 가격이 매번 변화하는 가치가 된다. 그러나 1번의 경우는 사실 더 가변적이다.

1	미래의 내가 느낄 효용이 클 것이라고 생각하기 때문에	미래의 가치=희소성에 대한 가치와 사용 가치가 존재
2	그 재화의 가치가 사회전반적으로 오랜 기간 통용되었기 때문에 크게 변하지 않을 것이라는 믿음에 기반한 가치	미래의 가치=희소성에 대한 가치와 사용 가치가 존재
3	단순한 사용 가치	현재의 가치

예를 들어, 예술품과 같이 아무런 인기도 없던 작가의 그림이 매우 낮은 가격에서 거래되다가 갑자기 특정 언론 등의 영향으로 엄청난 인기를 얻게 되는 경우가 이에 해당된다.

그렇다면 개개인의 효용(Utility)과 사회 전체의 효용에 따른 가치(Value)를 생각해 보기 위해서 적용해 보면 어떤 일이 생길까? 개개인의 효용에서 사회 전체의 효용에 따른 가치를 Social Utility(사회적 효용)이라고 하고 폰 노이만과 같은 기수효용론자들이 사회적 효용 모델을 통해서 사회적 효용을 계산할 수 있다고 생각했다. 하지만 앞에서 보았듯이 효용은 가변적이며 무지에 의해서 오는 경우도 많으며 각 사회 구성원의 개개인의 가치관에 따른 효용과 상대적인 효용이 여기에서 조정이 되어야 하는데 이는 불가능에 가깝다. 예를 들어, 탈북민들이 굶주림 속에 살았지만 탈북한 후에 상대적인 빈곤함으로 어려워하는 것이나 나이 많은 노인분들이 다 같이 못살던 시절을 그리워하는 이유도 여기에 포함될 것이다. 이처럼 사회 구성원 전체의 효용을 측정하는 데 고려해야 하는 추가적인 조정 요소, 특정 효용에 대해서 사회 구성원들이 반대적으로 느끼는 조정, 예를 들어 상대방이 재화를 가졌으므로 인해서 생기는 질투나 시기심에 따른 효용의 감소 또는 상대가 나와 동일한 재화를 가지고 있다는 점에서 느끼는 효용의 감소 또는 효용의 증가 등등이 여기에 해당될 것이다.

이러한 사회 전체의 효용에 대한 질문에 대답을 제공하려고 한 것이 공공경제학의 일부이다. 공공 경제학에서는 경제활동에 수반되는 모든 문제는 자원의 희소성이 근본적 원인이며 이를 해결을 위한 제도적 장치로, 공공 부문에서는 정부와 공기업이, 민간 부문에서는 가계와 기업이 각자의 위치에서 자신의 역할을 해야 한다고 주장한다. 예를 들어, 가계는 효용극대화를 기업은 이윤 극대화를 정부는 공익 극대화를 추구해야 하는데 특히 정부는 효율성과 공평성의 큰 두 개의 축으로 평가해야 하며 공익의 최대화는 칼도(Kardor) 기준에 따라서 최소한 한쪽이 잃어버린 효용 수준이 다른 한쪽에서 늘어난 효용 수준보다 커야 한다는 주장이다. 그러나 이 역시 1장에서 이야기한 바와 같이 효용에 정확한 측정 그리고 그 효용을 측정하는 Value에 대한 정확한 정의가 없다면 어느 한쪽이 크다는 것을 어떻게 판단할 수 있을까? 또한 위에서 언급한 것과 같이 사회 구성원 중 절반 이상이 가짜 뉴스 등을 통해서 확증 편향 등으로 잘못된 가치가 심어져서 프로슈머와 반대되는 네거티브 프로슈머(경제 활동에 직접적으로 보여지는 손실은 없으나 사회적으로 가치가 크게 훼손된 상황)의 경우도 분명하게 존재할 것이다.

마케팅과 효용

그렇다면 각각을 비즈니스적인 측면에서 보면 어떻게 될 것인가. H를 노리는 경우는 일반적으로 High Touch 모델이 성공하고 특정 우수 고객을 특별 관리해야 하는 이유가 여기에 해당된다. 왜냐하면 기본적인 성향은 쉽게 바뀌기 어렵고 충동적인 고객으로 매번 많은 물건을 충동적으로 구매하기 때문이며 백화점들의 우수고객들은 본인들의 수입과 관계없이 빚을 내서라도 소비를 계속해서 계속 우수고객인 경우가 많고 절약이 습관인 사람들은 소득이 아무리 늘어나도 절약을 생활화한다. 일반적으로 사람들의 기본 성향은 쉽게 바뀌지 않는다.

t를 노리는 비즈니스 모델의 경우는 특정 시점을 이용해서 소비를 유도하는 경우인데 버스나 기차역에 보면 항상 흡연장이 있고 그곳에는 담배 광고가 있다. 이는 장시간 비행으로 피곤해진 사람에게 타이밍을 노린 세일즈 피치로 비슷한 예로 퇴직 시기에 기가 막히게 날아오는 "퇴직자들을 위한 프랜차이즈 창업 광고"나 결혼할 시기에 날아오는

결혼 패키지 광고 등이 여기에 해당된다.

I를 노리는 경우는 조금 더 험난한 길이고 시간이 오래 걸린다. 하지만 효과는 크다. 드비어스 같은 고급 쥬얼리 브랜드들의 매우 화려한 광고들이 여기에 해당될 것이다. 이러한 광고들이 결국에는 다이아몬드에 대해서 부정적이었던 사람들의 가치관까지 바꿔 버려서 대다수의 사람들에게 다이아몬드에 특별한 가치를 가지도록 만들어 버린 것이다. 사실 드비어스와 같은 다이아몬드의 광산주들이 다이아몬드의 공급을 제한하며 다양한 광고로 다이아몬드의 가치를 계속적으로 유지시키고 있다는 것은 이미 널리 알려진 사실이다. 하지만 이런 드비어스에 생각하지 못한 큰 어려움이 생겨났는데 이는 나중에 언급하기로 한다.

광고가 만들어 내는 사회적 가치

1888년에 설립된 영국 다이아몬드 브랜드인 드비어스는 "A Diamond is Forever(다이아몬드는 영원하다)"라는 문구를 1947년 광고에서 처음 사용해서 유명해졌다. 표를 보면 미국과 영국에서 다이아몬드를 사랑의 표현이라고 생각하

드비어스사의 "다이아몬드는 영원하다" 광고

는 사람들의 비율이 마케팅에 따라서 얼마나 빠른 속도로 증가하는지 볼 수 있다. 1991년에는 오직 69%만이 사랑의 표현이라고 생각했으나 광고와 마케팅이 사람들의 가치관을 변화시켜서 1995년에는 81%의 사람들이 다이아몬드를 중요한 사

동의하는 사람들의 비율	1991	1992	1993	1994	1995
미국					
'사랑의 표현(Expression of love)'	69	70	70	76	81
'다이아몬드는 보석 중에서 가장 아름답다'	53	56	55	59	58
'인생의 중요한 순간을 빛나게 하는 가장 좋은 방법'	52	52	47	55	61
'비싼 만큼 가치 있다'	65	60	61	65	65
영국					
'사랑을 표현하는 최고의 선물(Ultimate gift of love)'	59	61	61	67	64
'인생의 중요한 순간을 빛나게 하는 가장 좋은 방법'	54	51	52	55	79
'모든 보석 중의 제왕'	61	56	63	63	65
'비싼 만큼 가치 있다'	66	67	65	67	67

존 필립존스 리서치의 광고 효과 조사

랑의 표현이라고 믿게 되었다. 그 4년이라는 시간 동안 사람들은 다이아몬드를 가치 있다고 믿게 되고 받으면 다른 보석들보다도 더 행복하게 느낄 수 있게 되었다는 것이다.

재미있는 사실은 20세기가 되기 전까지 많은 사람들은 다이아몬드를 실제로 보지 못했다. 1866년 어느 날, 에라스무스 제이컵스라는 15살 어린이가 오렌지 강(Orange River) 근처에서 반짝이는 돌덩어리를 주워 아버지에게 보여 주었다. 아버지는 그 돌을 상인에게 팔았다. 그 상인이 확인했더니 21.25캐럿(4.3g)의 다이아몬드였다. '유레카 다이아몬드(Eureka Diamond)'라 불린 이 귀금속은 남아프리카에 다이아몬드 러시를 촉발했다. 곧이어 1869년엔 '남아프리카의 별(Star of South Africa)'이라는 83.5캐럿 다이아몬드가 발견되었다. 이 남아프리카 공화국 오렌지 강 근처에서 발견된 다이아몬드들로 광부들의 다이아몬드 러쉬가 일어났고 10여 년만에 지금까지의 다이아몬드 주요 생산국이었던 인도보다 훨씬 더 많은 다이아몬드를 생산하게 되었다.

늘어나는 공급을 감당하지 못한 다이아몬드는 가격이 폭락했고 많은 사람들은 희소성이 없어지고 가격 변동성이 너무 높아진 다이아몬

효용의 시대가 온다

드보다 가격이 안정적인 다른 보석으로 관심을 가지게 되어 많은 다이아몬드 생산자들은 과잉생산으로 스스로 자신들의 사업을 접어야 하는 상황까지 오게 된다.

그때 영국의 사업가 세실로즈는 남아프리카 공화국의 다이아몬드 사업체를 모두 사들여서 독점적인 공급으로 시장가격을 마음대로 조정하면서 희소성의 문제를 해결하였고 그 당시 강력했던 광고회사 N.W. 에이어앤드선과 함께 다이아몬드 반지에 새로운 가치를 입히기 시작했다. 사실 반짝이는 탄소덩어리에 사용 가치가 적은 다이아몬드는 희소성이 보장되지 않으면 아무런 가치를 지닐 수 없었지만 독점공급으로 인해서 가치를 유지시키면서 N.W. 에이어앤드선이 만들어 내는 영화 속 이미지나 잡지 속 스토리는 미국의 많은 사람들에게 다이아몬드 반지를 결혼의 필수품으로 생각하게 만든 것이었다. 이로 인해서 미국의 다이아몬드 보석 시장은 400억 달러(약 40조 원) 규모까지 성장하게 된다.

더 재미있는 사실은 중고 다이아몬드 반지 시장이 활성화되면 늘어나는 다이아몬드 생산량에 재고가 늘어나게 되므로 광고 속에 다이아몬드 반지를 되파는 행동은 명백한 배신이며 비열한 행동이라는 메시지를 계속 넣는다는 점이다.

다이아몬드 마케팅의 귀재였던 드비어스에게 최근에 인공 다이아몬드라고 하는 새로운 적수가 나타나게 되었다. 커져 가는 인공 다이아몬드 시장을 막기 위해서 드비어스는 과거와 같이 가치관을 변화시키는 작업에 착수한다. "Real is Rare, Real is Diamond."라는 광고를 대대적으로 시작하며 막대한 비용을 지불했지만 전혀 의외의 결과가 나온다.

많은 비용을 지불하였지만 과거와 같이 사람들의 가치관은 쉽게 바뀌지 않았고 시대도 많이 달라져서 과거와 같이 지상파의 TV광고나 잡지 광고가 큰 효과를 가지지 못한 것은 물론 많은 사람들이 다이아몬드 광산이 미치는 환경적인 부작용과 짐바브웨 등에서 다이아몬드를 두고 벌어지는 분쟁과 잔인한 학살 등의 뉴스로 사람들에게 자연산 다이아몬드가 좋은 다이아몬드라는 이미지가 없어지면서 인공 다이아몬드는 오히려 좋은 대안으로 평가받게 된 것이다.

다양한 드비어스의 다이아몬드 광고들

드비어스의 순수 다이아몬드 광고

특히 2007년 에드워드 즈윅 감독에 의해 〈블러드 다이아몬드〉라는 영화가 큰 반향을 일으키면서 블러드 다이아몬드의 문제에 대한 전 세계적인 인식을 높였고, 다이아몬드 유통에 있어 벌어지는 서아프리카의 비극에 대한 관심을 불러일으켰고 드비어스가 오랜 기간 구축한 다이아몬드의 이미지에 큰 상처를 내는 결과를 가져왔다.

블러드 다이아몬드

감독: 에드워드 즈윅.

출연: 레오나르도 디카프리오, 제니퍼 코넬리.

내용: 아름다움의 대명사 다이아몬드 하지만 다이아몬드의 상당량
이 많은 아프리카인들이 불구가 되거나 목숨을 잃은 대가라는
사실에 입각한 영화로써 미국의 저널리스트 그레그 켐벨의 다
이아몬드 잔혹사라는 다큐멘터리 필름에 기초해서 만들어진
영화라고 한다. 전 세계적으로도 큰 반향을 일으켰지만 국내
에서도 많은 사람들이 다이아몬드의 실체에 대해서 생각하게
만든 영화이다. 실제로 국내의 포탈사이트 영화 리뷰를 보면
많은 댓글들이 "이 영화를 보고 결혼 반지=다이아몬드 반지라
는 생각이 바뀌었어요", "이 영화 이후로 다이아몬드가 더 이상
아름답게 보이지 않아요."라는 글들이 많이 올라와 있다.

가치관의 붕괴

개인의 가치관 붕괴

최근에 어느 대기업 인사 담당자와 식사를 하면서 들은 이야기이다. 그가 비슷한 동종업계에 있는 사람이 직접 겪었다는 이야기였는데 이는 나에게 있어서도 인간의 행복이란 반드시 기업의 효용과도 맞지 않는다는 것을 생각하게 하는 이야기였다. 하루는 인사 담당자에게 채용된 지 일주일밖에 되지 않은 A가 갑자기 사직서를 들고 찾아왔다고 한다. 그러더니 대뜸, "이 회사는 저랑 맞지 않는 거 같아서 그만두고 싶습니다."

조금 당황스러운 이유였기 때문에 다른 곳에 갈 곳은 찾아 두었느냐고 물었다고 한다. 그러자 지금 하는 업무는 인턴과 같은 단순 업무라 업무 자체도 흥미가 없고 계속해 나갈 자신이 없다고 했다. 처음 연수하는 과정에서 고객을 이해해야 하는 목적으로 고객센터에서 고객응대 훈련을 했던 것이 너무 싫었던 모양으로 마치 아르바이트생이나 계약직 사원과 같은 업무로 느껴졌었다고 한다. 만약 그가 다른 곳에 갈 것이 정해져 있는 것이 아니라면 흥미나 적성이 있는 일을 찾을 때까지 그만둘 필요가 없는 것이 아니냐고 했다. 그러자 오는 대답은 "9급 공무원 시험을 준비하고 싶습니다."라고 했다.

또 공무원 시험인가. 그에 따르면 매년 공무원 시험을 준비하고 싶어서 그만둔다는 사람이 점점 늘어나고 있다. 안정되고 일도 편해 보이고 재미있을 것 같다는 것이 그 이유라고 한다. 그래서 담당자는 또 물었다고 한다.

"왜 공무원이 되고 싶죠?"

"지역사회에 공헌하고 싶습니다."

"지역사회에서 어떤 식으로 공헌하고 싶은가요?"

"구청의 창구에서 주민들의 상담을 해 주고 보람을 느끼고 싶습니다."

"아니 기업의 고객센터에서 고객들을 상담해 주고 어려움을 도와주는 것에는 계약직 사원같이 느껴져서 너무 싫었다고 하지 않았나요? 어떤 점이 다른가요?"

그러자 그 친구는,

"기업과 구청은 다르니까."라고 말했다.

'안정되고 즐거운 직장' 공무원 신드롬은 너무나도 강력해서 쉽게 바꿀 수 있을 거 같지 않았기 때문에 그의 사표를 수리할 수밖에는 없었다고 한다. 하지만 그는 너무 안타까운 마음에 일하면서 행복할 수 있는 방법을 전해 주고 싶었다고 한다.

"A 씨, 게임 좋아한다고 했죠?"

"네, 좋아합니다."

"어떤 게임 좋아하나요? 위닝일레븐?"

"네, 한때 미치도록 했었지요."

"나도 위닝은 참 좋아했지요."

그러자 그는 신나도록 자신이 위닝을 좋아하는 이유나 그 게임을 할 때 자신의 플레이에 대해서 신나게 말했다. 대전 게임의 재미와 묘미에 대해선 한참 이야기한 후 물었다

"그럼 처음으로 위닝일레븐을 하는 친구가 A 씨를 이길 수 있을까요?"

"아, 그건 불가능하죠. 제가 그런 레벨은 아니거든요."

"그럼 초보자는 바로 A 씨한테 지겠네요?"

"그럼요. 게임이 안 될 겁니다." 의기양양하게 말했다.

"그럼 A 씨한테 게임이 안 되게 져 버린 초보자가 이건 말도 안 되는 쓰레기 게임이라고 한다면 뭐라고 할 건가요?"

"그건 게임이 재미없는 게 아니라 본인의 실력이 모자란 것 아니냐고 물을 겁니다."

"그렇죠? 재미나 즐거움을 알기도 전에 조금 해 보고 재미가 없다, 자신이 이 업무와 맞지 않는다고 단정짓는 것은 조금 빠른 것 아닐까요?"

그러자 A의 표정이 바뀌었다. 그도 조금은 이해를 했을까?

"A 씨. 사회인, 직장인으로서의 삶은 참 길어요. 20대 또는 30대에 입사해서 30년 이상을 직장인으로 살게 되겠죠. 따라서 10년 차라는

것은 1학년, 20년 차는 2학년, 30년 차는 3학년이라고 봐야겠죠."

"예를 들어, 대학교에 야구부에 들어가서 1학년일 때 공 줍기부터 물 떠오기 정비 등의 잡다한 일을 하지만 아무도 그만두지를 않죠. 왜일까요?"

A가 대답했다.

"야구가 재미있어서겠죠."

"야구를 좋아하고 잘하고 싶은 정열이 있는 사람은 그 어려움을 자신의 성장의 발판으로 노력해서 뛰어넘으려고 합니다. 하지만 어쩌다가 들어온 사람은 금세 실증을 느끼고 축구부로 전향하지요."

"그러나 축구부에서도 볼은 만져 보지도 못하고 달리기나 기초근력 운동 같은 단순 훈련이 이뤄집니다."

그 후로도 테니스부, 농구부 등을 전향해 보지만 처음부터 잘할 수 있는 것이 아니다 보니 이곳저곳 왔다 갔다 하다가 결국은 어떠한 즐거움도 느껴 보지 못하고 '대학교 서클활동은 재미가 없어.'라고 느끼게 되겠죠. 즐거움을 느끼기 전에 직장을 바꿔 버리면 행복해지기는 힘들 겁니다.

A가 말했다.

"제가 그렇게 된다는 말인가요?"

"아니, 꼭 그렇다고는 볼 수 없죠. 아직 20대인 A 씨에게 그런 말을 할 수 있는 사람은 없겠죠. 하지만 공무원이 되고 싶은 이유에 대답의 수준이 방금 정도로 열정도 열의도 없는 정도라면 행복이라는 곳까지 갈 수 있을 가능성은 매우 적겠죠. 한 번밖에 없는 인생에서 자신이 어

효용의 시대가 온다

떤 직장을 가지고 살아갈지에 대해서 신중하게 생각해 보고 결정할 필요가 있다고 생각해요."

아마도 많은 인사 담당자들이 이 이야기에서 공감할 것이라고 생각한다. 이 이야기는 젊은 세대를 욕하고자 함이 아니다. 어쩌면 아무것도 모르고 경제적인 부가 행복이고 효용이라고 믿어 왔던 기성세대가 더 어리석었을지도 모른다. 하지만 그들에게는 장기간의 고도성장이라는 달콤한 열매가 있었지만 지금의 젊은 세대들에게는 장기간 저성장과 불황이 가져온 삶의 불안과 가치관의 혼란뿐이다. 결국 이러한 저성장과 가치관의 혼란은 의욕의 저하로 이어졌고 이는 많은 젊은 세대들의 삶을 더더욱 힘들게 만들 것이다.

기업가 정신의 붕괴

한국의 기업가 정신은 죽었다고 많은 사람들이 이야기한다. 한국의 시사프로그램 〈명견만리〉에서 월가의 전설적인 투자자 짐 로저스는 공무원 천국인 한국은 투자 매력이 없고 몰락하게 될 것이라는 섬뜩한 말을 했다. 사실 한국에서의 공무원의 인기는 어제오늘의 일이 아니다. 점점 커져 가는 불확실성으로 사람들은 안정적인 공무원을 원하게 되었고 이는 폭발적인 공무원 시험 고시 낭인의 증가를 불러왔다.

한국의 공무원 열풍은 대단히 충격적인 일이다.
활력을 잃고 몰락하는 사회의 전형이다.

- 짐 로저스

안타깝게도 한국에서 가장 인기 있는 직업은 지금 현재 공무원이고 대학 졸업생의 50% 가까이가 공무원 시험에 목을 매고 있다. 이는 한국만의 문제가 아니다. 일본에서도 예전에는 '3고'라고 해서 수입이 높은 사람을 선호하다가 지금은 안정적인 직업을 가진 사람을 더 선호하게 되었고 고성장의 대명사였던 중국에서도 공무원 인기는 점점 높아져서 2018년도의 경우 2만 8천 명을 뽑는 데 165만 명이 몰렸다고 한다. 일부 직종에 따라서는 경쟁률이 9,837 대 1까지 몰렸으며 인기 직종들의 경우 보통 1,000 대 1 이상이라고 한다.

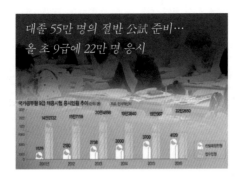

2016년 3월 25일 〈문화일보〉 기사 중 발췌

　기업가 정신의 붕괴는 의외로 간단한 이유라고 생각한다. 많은 사람들이 창업을 통해서 얻을 수 있는 기대 이익이 너무 감소했기 때문이다. 창업 시 기대 이익은 보통 성공 가능성과 성공 시 이익으로 나눠서 볼 수 있는데 특별한 경우들을 제외하고 일반적으로 젊은 층일수록 경험 등과 자금의 한계로 창업의 성공 가능성은 낮고 리스크는 크며 장년층일수록 성공 가능성은 높으나 감수해야 하는 위험과 포기해야 하는 기회비용은 커진다. 실제로 한국에서 유니콘 기업(1조 원 이상의 자산 가치를 확보했다고 보여지는 벤처기업)은 오랜 기간 나타나지를 못하였고 당분간은 유니콘 기업의 탄생은 쉽지 않아 보인다. 기업가 정신을 고취하는 데는 결국 창업의 기대 이익을 올리거나 창업 위험을 낮춰야 하는데 한국을 비롯한 많은 국가들은 어느 쪽에도 기여하지 못하였다.

갈 곳을 잃은 정부

정부가 이러한 상황에서 어떻게 해야 할까? 오랜 과거부터 논란이 되어 왔던 큰 정부와 작은 정부에 대한 이야기가 아니다. 대다수의 사람들이 일을 하지 않고 기본소득을 받으며 AI나 로봇들이 모든 일을 하는 세상이 오면 사람들을 행복할 수 있을 것인가? 또는 '타다'와 같은 승차 공유 서비스는 기존의 택시를 관리하기 위해서 만들어졌던 운수 교통법 등을 무시하면서까지 만들어야 할 정도로 정말 우리에게 필요한 것일까? 부동산 가격은 얼마까지 낮아져야 또는 높아져야 옳은 것일까? 사법고시는 폐지되는 것이 옳은 것일까? 정부가 주도하는 의학 대학 정원 조정은 옳은 것일까? 위와 같은 중요한 질문들에 대한 해답을 정부가 전혀 가지고 있지 않는 것처럼 보인다.

사실 더 큰 문제는 해답을 가지고 있다고 하여도 그 해답이 유권자들에 표로 연결되지 않는다고 한다면 또는 유권자들의 표를 잃어버리는 결정이 된다면 많은 정치가들은 효용을 무시한 채 어리석은 정책을 결정하게 된다. 심지어는 같은 정당 내에서 추진되었던 정책들도 유권자들의 상황에 따라서 일관성이 전혀 없거나 시간이 지나면 전혀 다른 스탠스를 보인다는 점이다.

이는 한국만의 문제는 아니다. 동일본 대지진 이후 원자력 발전을 전부 폐기했던 일본의 정책이 다시 원전 재개를 하거나 일본 정부가 오랜 기간 약속해 왔던 국민연금의 지급 연령의 연기 또는 계속 번복되었던 소비세의 인상과 폐지 논란까지 정말 다양한 부문에서 과거와는 달리 국가의 정책은 일관성을 잃어 갔다. 특히 이번 코로나 사태에 대한 국가 정책 역시 한국, 일본 모두 일관성이 없는 정책이 계속되었고 그 피해는 각 개인들이 고스란히 받게 되었다. 또한 무엇보다 우리가 생각해 왔던 국가의 역할이 과연 모든 국민에게 기본소득을 주고 일하지 않아도 생활할 수 있는 절대 복지국가였을까?

지금 많은 국가들이 기본소득 논란과 함께 정부가 모든 것을 결정해 주고 특정 종교의 옳고 그름까지 판단해 주며 특정 직종의 종사자들의 각각의 방향성까지도 정부가 정해 주는 울트라 정부가 정답이라 말하고 있다. 하지만 우리는 오랜 역사를 통해서 견제 없는 절대 권력이 얼마나 빨리 부패하게 되는지 잘 알고 있고 나침반이나 방향성에 대한 뚜렷한 고찰 없이 너무 큰 권력이 한 권력 집단에게 집중되었을 때의 폐해를 잘 알고 있다. 그리고 그런 큰 정부가 정말 미래 AI 시대의 해답일까라는 질문에 왜 AI 시대에 큰 정부가 필요한지에 대해서 대답해 줄 수 있는 사람이 누가 있을까? AI는 만능이 아니다. 뒤에서도 이야기하겠지만 지금까지의 AI는 본인의 결과에 대해서 왜 그런 결정을 내렸는지에 대한 뚜렷한 설명이 없다. 이세돌과 알파고의 대전에서 알파고가 왜 특정 위치에 자신의 돌을 두었는지를 설명하지 않는다. 그래서 나온 것이 Explainable AI인데 이는 결국 자율주행 자동차가 어린 아이와 노인 중 한쪽을 희생해야 하는 경우 사전에 프로그램되거나 자체적으로 습득한 정보에 의해서 한쪽을 희생시키는 결정을 하게 된다. 다시 말해서 AI의 사회에서는 대통령을 중심으로 하는 행정부가 아닌 사회 질서와 윤리를 생각하는 사법부가 더 많은 윤리적인 판단을 해야 하는 상황이 오지 않을까? 이쯤 되면 우리는 국가의 역할에 대해서 총체적인 재정립이 필요한 상황이 아닐까?

정부의 거짓말 I
— 정말 공공사업은 정부의 말대로 효용을 증가시킬까

일본의 고비용 저효율의 상징으로 유명한 얀바댐의 경우 5조 5천억 원(5320억엔)에 가까운 비용을 들였음에도 결국 큰 효용을 만들어 내지 못했고 수많은 댐과 다리들이 지방경제 활성화라는 미명하에 만들어졌으나 많은 댐들이 거의 사용되지 못하고 다리들 역시 하루 이용객 10명 이하의 부끄러운 수준의 어마어마한 비효용을 만들어 냈다. 5조 5천억 원이라는 금액은 일본 굴지의 자동차회사 닛산자동차를 인수하여 하나의 지역경제를 일으킬 정도의 큰 금액임에도 길바닥에 버려지고 말았다. 한국에서도 이러한 일은 곳곳에서 일어났다. 한국의 지방가치단체 또는 공공기관에서 운영 중인 771개의 앱 중에 139개

공사비가 5조 5천 억이 들어가 고비용 저효율의 상징이 된 일본의 얀바댐

개발비 대비 이용률 저조한 공공 앱 사례
이름 / 개발 기관 / 앱 구축 및 운영비 / 현황

남양주 Snet(안심귀가)
남양주시 / 1억800만원
폐지

환경지식앱
제주시 / 1억6000만원
폐지

진해원도심투어
창원시 / 1억7900만원
이용자 50명 (2016년 10월 기준)

굴뚝정보관리
환경부 / 4억8400만원
이용자 290명 (2016년 10월 기준)

자료: 황영철 국회의원실

천억 원이 넘는 개발비와 100억 원이 넘는 매년 운영비가 들어감에도 이용자가 50명도 안 되는 공공기관 앱

의 앱이 하루 이용자 5명 미만이며 334억 원을 들인 지자체 공공앱의 64%가 개선 또는 폐지 권고를 받은 것으로 드러났다.

順位	市区町村名 (都道府県)	連結実質収支比率	普通会計の実質収支比率
1	夕 張 市(北海道)	▲364.5	▲37.8
2	赤 平 市(北海道)	▲69.3	2.5
3	秋 芳 町(山口県)	▲57.4	5.6
4	積 丹 町(北海道)	▲52.1	4.6
5	室 蘭 市(北海道)	▲47.4	2.5
6	熱 海 市(静岡県)	▲36.1	4.2
7	泉佐野市(大阪府)	▲35.6	▲8.4
8	長 洲 町(熊本県)	▲32.8	0.9
9	宮古島市(沖縄県)	▲32.1	0.9
10	網 走 市(北海道)	▲25.5	0.6

連結実質収支の赤字比率(%)が25%以上だった自治体

일본의 창성협회가 발표한 보고서의 일부. 초록색으로 표시된 부분이 소멸할 가능성이 높은 지방자치단체를 나타낸다.

일본의 지자체 중 적자 비율이 25% 이상인 지방자치단체. 1위인 유하리시는 연결 기준 실질지수비율이 364%를 넘어서 파산했다.

이러한 비효용은 결국 지역경제를 파탄에 빠트리게 만드는 주요 원인이 되는데, 실제로 일본의 많은 지방자치단체가 실제로 파산을 하거나 정부 보조 없이는 유지가 불가능한 상태에 빠지게 되었다. 이를 극복하기 위해서 일본의 유하리시는 다양한 기업유치와 개개인을 유치하고자 노력했으나 인구감소는 심해지고 재정은 더더욱 힘들어져 2007년 3월 6일 파산하게 된다.

일본의 많은 지방자치단체는 버블기에 방만한 재정운영과 계속적으로 늘어나는 인구에 근거한 인구 증가 예상을 가지고 많은 사업을 무리하게 진행하였다. 일부는 아예 인구증가나 경제성 분석 또는 사업타

당성 평가 자체가 제대로 진행되지 않은 상태로 진행되었으며 이는 많은 세금 낭비를 불러왔다. 위에서 말한 하루 5명이 지나가는 도로를 만들거나 10명이 접속하는 모바일 어플리케이션을 만드는 데 수억 원에서 수천억 원이 들었음에도 사회에 아주 미비한 효용만을 제공하였을 뿐이었다. 이와 같은 비효용은 많은 경우 지방자치단체의 파산까지 이어지는데 일본의 한 연구단체에 따르면 일본 내의 지방자치단체 중 거의 절반에 달하는 896개의 지방자치단체가 2040년에는 파산에 이를 것이라는 보도를 내놓았고 지금 현재도 76개의 지방자치단체가 연결기준 재정적자를 기록하면서 지방자치단체의 존립에 많은 우려를 표하고 있다.

효용을 확대시키는 공공사업이란

효용의 관점에서 보면 결국 가치상승을 일으키는 사업이 되어야 한다. 그 가치에는 인류의 유일한 가치들 중 하나인 시간의 단축 또는 생명연장 아니면 지식 전달이 연결되어야 한다. 예를 들어, 국가가 센트럴 파크를 만들어서 도심 내의 휴양시설을 만들었다고 하면 결국 이용자 수에 스트레스의 저하가 가져오는 생명연장의 기대치에 따라서 효용을 계산해 보는 것이 효용의 관점에서 보는 공공사업이다. 다만 앞에서 언급한 바와 같이 특정 인물의 수명의 연장이 추가적인 효용을 창출하는 경우, 예를 들어 '수명을 2년 늘렸는데 그 사람이 아인슈타인

이어서 인류의 시간을 단축시키는 데 지대한 공헌을 했다.' 등이 여기에 속한다. 하지만 인간이 미래를 읽지 못하는 한계에 따라서 각각의 사회 구성원들이 미래에 국가, 기업 그리고 가정이라고 하는 소속 집단에 기여하게 될 추가적인 미래 효용에 대해서는 본 장에서는 무시하기로 하고 수명의 증가가 가져오는 효용만 고려한다. 이용자들의 표본 중에서 고효용의 인구가 많은 센트럴 시티에서 이용자의 각각의 비중과 그들의 유전적인 부분을 고려한 스트레스 감소 효과가 가져오는 수명의 증가 효과 등을 계산해 보면 센트럴 파크가 궁극적으로 가져올 효용의 수치가 나오게 된다.

센트럴 파크 공원이 가져오는 효용의 증가

이용자들의 표본	비중	스트레스의 감소폭	스트레스의 감소가 가져올 영향	늘어난 전체 수명의 증가
고효용집단 A 씨	7%	500 Stress Point	50일	
중효용집단 B 씨	22%	150 Stress Point	2 yr	
중효용집단 C 씨	13%	120 Stress Point	1 yr	
저효용집단	6%	11 Stress Point	3 yr	
무효용집단	30%	0 Stress Point	N/A	

비슷한 관점에서 그리고 대표적인 효용 증가 사업이었던 서울 부산

간 고속철도의 경우를 생각해 보자. 많은 사람들이 경제적인 효과만을 생각하지만 이 역시 사람과 사람이 만나는 시간을 절약해 주는 일이며 사람에게 많은 효용의 증가를 가져온다. 여기서 많은 사람들이 이는 수명을 연장시킨 것도 아니고 인류의 생존을 늘린 것도 아닌데 왜 효용이 올라가는 것인가라고 의문이 있을 수도 있다. 하지만 이는 시간에 한 사람이 사용할 수 있는 시간의 총량에 관점에서 접근해 보면 대략적인 계산이 가능하다.

서울에 사는 사람이 부산에 있는 사람을 만나기 위해서는 또는 서울에서 부산의 한 고을의 원님을 임명해서 해당 선고를 전달하기에는 말이나 도보를 통해서 전달해야 했다. 걸어서 간다고 하면 과거에는 30일 이상이 걸려서 가야 했고 역참이 100킬로미터 정도마다 있던 것을 보면 말을 타고도 부산까지는 대략 1주일 정도가 걸렸을 것이다. 그러나 자동차가 생기고 도로가 생기면서 사람과 사람이 만나는 데 걸리는 시간이 엄청나게 단축되었다. 이 역시 '이용한 사람들의 숫자*절약된 시간'으로 본다면 이는 어마어마한 효용의 증가를 의미한다.

뿐만 아니라 기대 수명의 증가는 절대 시간의 양을 조절하게 되는데, 예를 들어 과거에 기대 수명이 60세인 사람이 부산을 걸어서 간다고 했을 때에 비해서 시간당 3~4km를 걷는다고 하고 식사시간 빼고 10시간 걷는다고 한다면 하루에 30km 정도일 것이다. 부산까지의 거리를 550km 정도라고 본다면 약 20일 정도일 것인데 도로 사정이 지금과 같이 좋지 않았을 것을 고려하면 약 30일 정도 걸려서 부산까지 갈 수 있었을 것이다. 이는 당시 기대 수명인 60년에서 본다면 720분의 1에 해당하는 시간을 사용해야 했던 것이다.

고속도로가 가져온 효용의 증가

1950년	
1달	소요시간
60세	기대수명
720개월	12개월 조정
21600일	30일 조정
518400	24시간 조정
1/720	소요시간 총 시간

480배 증가

2019년	
2시간	소요시간
80세	기대수명
960개월	12개월 조정
28800일	30일 조정
691200	24시간 조정
2/691200	소요시간 총 시간

하지만 지금은 수명도 80년으로 늘었고 부산까지 이동 시간 역시 비행기가 아닌 KTX로 본다고 해도 2시간이면 갈 수 있게 되었는데 이를 시간 가치로 환산해서 본다면 다음과 같을 것이며 이 표로 본다면 약 인간의 수명 대비 480배 이상 효용이 증가된 것으로 볼 수 있다.

이처럼 시간은 상대적이고 부와 일치되지도 않으며 인류의 발전 속도에 직접적인 영향을 준다. 맥킨지연구소의 《미래의 속도》(2016년 출간)라는 책에 따르면 4차 산업 혁명이 가져올 미래의 발전 속도는 과거에 산업 혁명 등에 비해서 10배 빠르고 300배 크고 3,000배 강하다고 이야기한다. 그리고 앞으로 가까운 장래에 유해활성 산소를 없애는 물질을 발견하고 텔로미어(telomere)가 짧아지는 문제를 해결하거나 노화를 유발하는 유전자를 변이시켜 영원히 늙지 않고 1천 년 이상 또는 영원한 삶을 사는 방법을 찾아낼 것이라고도 이야기한다. 이러한 변화가 만들어 낼 미래 세계의 효용의 증가는 경이로울 것이다.

하지만 우리의 바람과는 다르게 높은 확률로 우리 국가의 인적, 물적 리소스는 LH사태에서 보듯이 특정 정치인과 그 이해관계자들만을 위해서 사용될 가능성이 높고, 이는 결국 저효용을 확산시켜서 국가를 몰락시킨다. 효용이 동반되지 않는 공공 사업을 철저하게 배제하고 의사결정 과정을 투명하게 하여 효용이 낮지만 지역구의 인기를 위해서 옳지 못한 사업을 유치한 정치인들에게도 국민 한 사람, 한 사람이 보다 엄격한 잣대를 들이대야 하지 않을까?

정부의 거짓말 Ⅱ
— 당신을 지켜 주지 못하는 국민연금

　당신이 20대 또는 30대라면 연금이 당신을 지켜 주지 못할 것이라는 것은 이미 알고 있을 것이다. 실제로 국민연금의 현재 적립금은 약 696조 원(2019년 기준), 실제로 지급된 연금 금액은 196조 원이었다. 이와 같은 추세라면 제2 베이비붐 세대가 은퇴하는 2030년이면 매년 들어오는 연금 보험료 수입보다 지급해야 하는 연금 금액이 훨씬 커지게 된다.

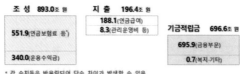

하지만 어떤 이들은 말한다. 연금은 옛날에 품앗이와 같은 개념으로 우리가 낸 돈을 우리 위 세대가 사용하고 우리 아래 세대가 낸 돈을 우리가 쓰는 품앗이이기 때문에 일일이 손익으로만 이야기하기에는 어렵다고 한다. 또한 위의 세대들은 고생을 많이 한 세대이므로 젊은 세대들이 감수해야 한다고도 이야기한다.

게다가 우리는 이미 비슷한 이웃 나라에서 일어나는 일을 잘 알고 있다. 일본의 연금이 후생연금과 기본연금으로 나눠지고 우리나라의 연금과 일부 다른 부분이 있다는 점을 지적하는 사람들도 있겠지만 세세한 내용은 생략하고 국민의 노후를 보장하는 연금제도라는 측면에서만 비교하자. 간단하게 말하면 지금의 일본의 연금제도는 이미 납입되는 돈보다 지불하는 금액이 커 버려서 지금의 세대가 내고 있는 세금으로 보존하고 있고 이러한 상황은 점점 악화되고 있다는 점이다.

이로 인해서 국민연금으로 인한 세대 간 갈등은 이미 최고조에 달했고 이를 잘 나타내고 있는 포스터가 우측의 포스터이다. 젊은 사람들이 노인들을 부양하느라 힘들어하는 모습

연금 보험료 수입
37兆2768億円

세금을 통한 보전금
12兆5332億円

연금 지급액
52兆3914億円

출처: 국가의 일반회계 100조 엔

을 나타내고 있다. 조금 구체적으로 들어가면 일본의 문제점은 보험료 수입이 37조 엔인데 실제로 지급액은 52조 엔에 달하여 모자라는 부분인 12.5조 엔은 매년 정부가 국고에서 보조하고 있다는 점이다. 일본

의 1년 예산이 1000조 원(102조엔, 2018년 기준) 정도라고 보면 매년 125조 원, 즉 12.5%에 가까운 금액이 연금의 손실을 메우기 위해서 사용되고 있다는 점이다. 여기서 더 큰 문제점은 이 금액은 점점 커져 가고 있다는 점이고 이러한 문제점은 개선될 여지가 잘 보이지 않는다는 점이다. 이미 고령화가 많이 진행돼 버린 일본은 국민의 대다수가 곧 노인이 되거나 이미 노인인 상황에서 연금을 덜 내고 늦게 받는 형태로의 연금의 개정이나 변환은 이미 어렵기 때문이다.

이를 '실버 데모크레시'라고 하는데 고령자가 다수이면서 오피니언 리더 계층이 돼 버린 사회를 말하는데 이와 같은 사회에서는 연금기금의 현실적인 조정이 매우 어렵다.

흔히 PIGS라고 불리는 남유럽의 여러국가들에게도 연금개정으로 인한 세대 간의 갈등이 촉발되었고 잘 아는 것과 같이 그리스처럼 내부에서는 해결하지 못한 채 결국 파탄상황에 빠져서 외부의 요인에 의해서 구제금융을 받는 조건으로 공적연금의 지급액을 일률적으로 20% 삭감해 버렸다.

어떤 노년층들은 말한다. 고성장 시대였기 때문에 예전에 연금을 납입한 금액이 큰 것은 당연한 것이고 요즘 세대들이 시대를 잘못 태어난 것까지 노년층이 안고 가야 한다는 점은 오히려 평등하지 못하다고도 주장한다.

실제 일본의 베이비붐 세대의 의식 조사에 따르면 자신들이 실제로 이득을 봤다고 생각하는 비율은 7.6%로 극소수에 달했고 오히려 자신들이 손해를 보았다고 생각하는 비

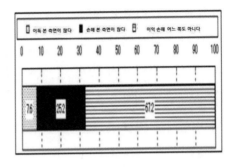

율이 25.2%로 높았다. 젊은 세대들도 당신의 자식 세대라는 주장에 대해서도 특히 자녀들이 없는 일부 노인층들은 고성장 시대의 자신이 납입한 연금의 지급 시기 조정과 금액 조정에 격하게 반발한다. 하지만 많은 국가에서 시대적인 차이나 시스템적인 차이로 인해서 만들어지는 불평등도 매우 많다는 점이다. 예를 들어, 사회 진입 시기가 예전에 비해서 매우 늦어진 점 등에 따라 납입되는 기간에 따라서 산정되는 국민연금의 특성상 납입기간이 짧아지는 점이 고스란히 지금의 20대, 30대의 노후 연금에 크게 불이익을 줄 것이라는 점이다. 이와 같은 시대의 변화에 따른 사회 진입 연령의 차이로 인해서 만들어지는 불평등은 온건히 지금의 청년층의 몫이 되어야 하는가?

재미있는 점은 그 베이비붐 세대의 자식 세대 역시 자신들이 손해를 보고 있다고 생각하는 비율이 매우 높았다. 다시 말해서 모든 세대가 자신들이 어려운 시기를 살았고 더 손해를 보고 있다고 생각한다는 점이였다. 따라서 개개인의 인식으로 정책을 만들거나 추진하는 것으로는 어느 세대도 만족스러운 결과가 나오기 힘들 것으로 생각된다.

사실 누구도 저성장 시대
에 태어나고 싶지 않았고 실
제로 많은 국가에서 세원에
서 큰 부분을 차지하는 소득
세나 법인세로 지금 은퇴한
세대들의 연금 소득이 충당

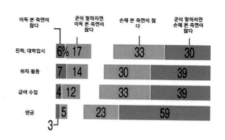

출처: 일본 아사히 신문 조사. 2020. 1. 25.

받고 있는 현실에서도 많은 베이비붐 세대들은 자신들이 손해받고 있다고 생각한다는 점은 다소 의외일 수 있다. 하지만 필자가 오랜 일본 생활 동안 느낀 점은 대부분의 경우 많은 베이비붐 세대들은 타 세대의 어려움을 공감하지 못하거나 자세한 사실을 알려 하지 않는다는 점이다. 일본 평론사에서 2013년에 발간된 〈세대회계입문〉에 따르면 실제 일본의 베이비붐 세대는 요즘의 2030세대에 비해서 사회 보장 및 사회 인프라 등의 혜택 등을 고려한 생애순수익 기준으로 많게는 5000만 엔(5억 원) 이상의 혜택을 보고 있다고 한다.

생애 순수익

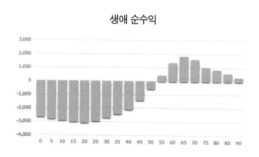

출처 : 일본 평론사 [세대회계입문:
세대격차 문제로부터 보는 일본 경제론] 2013.3

효용의 시대가 온다

또한 문제는 이뿐만이 아니다. 세대 간의 차이 경제성장률에 비례한 본인들의 혜택의 문제 이전에 동일한 세대 간에서도 소속 단체 등에 따른 불평등이 만들어지고 있기 때문이다. 일본이 많은 반대를 무릅쓰고 공무원 연금을 후생연금에 통합했지만 아직 한국은 매년 공무원 연금에 2조 원에서 3조 원가량의 국고가 소진되고 있으며 이는 한국의 베이비붐 세대가 은퇴하는 10년 후 정도에는 어마어마하게 증가할 것으로 생각된다. 기획재정부 2018년도 자료에 따르면 연금 충당부채는 989조에 달하며 늘어나는 공무원 수에 따라서 이 증가 속도는 더더욱 커질 전망이고 또한 요즘 논란이 되고 있는 40만 원의 기초연금 역시 10년을 가입해도 38만 원을 받는 국민연금보다 큰 금액을 받게 되면 10년 동안 열심히 불입한 사람에 대한 역차별이 생겨나는 것이다. 우리는 무조건적인 결과의 평등이 사람들의 노력을 무너트리고 동기 요인을 떨어뜨려 인류를 망가트리는 역사를 많이 보았다.

미국의 경제학자 겸 소설가인 아일란드(Ayn Rand)는 마르크스주의자들이 말하는 공장에서 일하지 않는 자들은 모두 기생인간으로 분류한 것을 비판하면서 '이윤 동기'는 선하고 이윤 동기가 떨어지는 사회가 되면 생존 본능이 저하되어 국가가 올바르게 기능하기 어렵다고 보았으며 밀턴 프리드만(Milton Friedman) 역시 정부의 너무 많은 관여는 시장의 효율을 떨어뜨린다고 보았다. 또한 개인은 물론 정부 역시 수많은 판단이 자신들의 무지로 인해서 형성된 가치관에서 비롯된 경우들이 많다. 지금의 젊은 세대들이 연금을 받아서 생활해야 하는 고령자가 되었을 때 감당해야 하는 어려움을 어떻게 알고 지금의 노년층의 삶과 비교해서 공평하다고 말할 수 있을 것인가? KB 경영연구소의 부자 보고서에 따르면 이미 대한민국에서 사업소득형의 부자는 급격하게 줄어들고 있으며 앞으로의 사회는 AI 등으로 인해서 미래에 대한 불확실성은 매우 높은 사회이다. 하지만 기성세대들은 미래에 있을 어려움을 알지도 못하면서 젊은 세대들의 희생을 당연시하거나 강요하는 사회는 공정한 사회가 아니다.

하지만 이런 노년층이 주류가 되고 이런 노인층을 위한 정책을 통해서 표를 쫓는 정치인들에 따라서 노인들을 위한 정책만이 계속 만들어지고 시행된다. 게다가 각 언론들이 만들어 내는 자극적이고 편향된 뉴스로 만들어진 의식은 결국 사회 전반을 악화시키는 원인이 되기 때문이다.

《세계가 일본 된다》의 저자 홍성국 애널리스트는 다음과 같이 말한다. "2차 세계대전이 끝난 이후 우리는 성장과 팽창의 시대를 살았고 성장이 한계에 부딪치면서 제로섬 사회나 마이너스섬 사회로 전환될 것이다. 우리는 빨리 우물에서 빠져나올 생각을 해야 한다."

지속 가능한 가치와 효용

공익(사회전체의 이익) vs. 사익(개인의 이익)

예전에 필자가 본 〈아이 인 더 스카이〉라는 영화에서는 공익과 사익의 경계선과 윤리라는 가치관에 대해서 좀 더 많은 질문을 던졌다. 영화에서 미사일을 발사하려던 조종사는 발사 매뉴얼에 따라 테러리스트를 공격하려고 했다. 그러나 발사 결정을 내리려는 찰나에 목표지점 근처에 빵을 파는 아이가 있어 테러리스트들을 사살하는 미사일 발사를 주저하면서 우리에게 질문을 던진다.

"지금 테러리스트들을 막지 않으면 테러리스트가 대형쇼핑몰에서 테러로 200여 명의 생명을 잃을 수 있으나 미사일을 발사하면 1명의 아이가 생명을 잃을 수 있다. 과연 우리는 1명의 아이를 희생하는 것이 옳은 일인가?" 아이의 희생이 없어 더 큰 테러가 일어난 경우 우리는 어떻게 하여야 하는가? 1명을 살리기 위해서 200명을 희생시킨 그 조종사는 결국 옳은 일을 했다고 생각할 것인가? 또한 많은 사람들이 본인이 그 결정을 내리고 싶지 않아서 다른 사람들에게 결정을 넘기려고 했다. 그 이유는 1명의 희생을 결정해야 한다고 막연하게 생각하고 있었으나 본인이 결정을 내리고 싶지 않기 때문이었다. 이는 결국 우리가 추구해야 하는 공통된 목표에 대한 질문이 될 수도 있을 것이다. 물론 우리의 삶의 목표가 개별 사람, 국가, 가치관에 따라 다르며 각각의 무게도 다를 것이다. 하지만 우리가 공통된 가치나 가치관을 어느 정도까지 공유할 수 있거나 판단하는 잣대를 가질 수 있다면 어떨까? 우리가 국가나 지역을 떠나서 km, cm, sqm2, kg과 같이 다양한 단위 기준을 공유하듯이 어느 정도의 공통된 기준이 있었다면 어떻게 될 것인가. 그것은 정말 옳은 일일까?

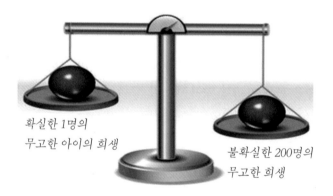

확실한 1명의
무고한 아이의 희생

불확실한 200명의
무고한 희생

이는 마이크 샌델교수의 강연에서 벤담의 공리주의 "최대다수의 최대행복"을 위하여 1인의 생명을 희생하는 것이 정말 옳은 일인가에 대한 질문을 던지고 있다. 그는 그의 강연에서 브레이크가 고장 난 기차가 두 개의 다른 철로를 선택해야 할 경우, 성인 남자 4명이 있는 철로와 1인이 있는 철로 중 어느 쪽을 선택해야 하는 것일까 하는 질문을 던진다. 대다수의 학생들은 1명이 있는 쪽을 택하였지만 정말 그게 옳은 결정이었을까?

만약 그 1명의 남자가 유명한 과학자였다거나, 암을 치료할 기술을 가진 유일한 과학자였다면 어떨까? 아니면 제3차 세계대전을 막을 수 있는 유일한 로비스트였다면 어떨까? 세상을 바꿀 유명한 기업가, 정치가 또는 종교인이었다면 어떻게 될 것인가? 스티브 잡스였다면 4명의 목숨을 살리기 위해서 그를 죽였을 것인가? 그러지 않을 것이라는 사람이 크게 늘어날 것이다. 이를 우리는 결과론적 도덕 추론 또는 정언적 도덕 추론이라고 하며 절대적인 의무와 권리에 따라서 판단하고자 했다.

특히 9.11 사태 이후의 미국의 시민의식은 국가를 위해서 본인의 목숨까지 희생할 수 있는 사람이 전체 미국 인구의 25% 이상을 넘게 만들었다고 한다. 결국 국가 또는 인류의 발전과 같은 큰 이념 없이 자신의 이익만을 좇는 사람이 늘어나게 되면 인류는 성장이 멈추거나 국가나 사회가 멸망하게 되기까지 하는 이유라고도 할 수 있을 것이다.

임진왜란 이전 실제로 황윤길은 왜의 침략에 대비해야 한다고 강력하게 주장하면서 일본에서 얻어 온 2자루의 조총을 국내에서도 개발하고자 하였으나 동인과 서인이 각자의 자리를 지키기 위해서 히데요시를 무섭지 않은 쥐와 같다고 말한 것은 이미 유명한 이야기이다. 본인의 입지 본인의 속한 정당 또는 그룹을 위해서 내린 판단이 결국 한

국가 또는 민족의 이익에 부합되지 않는 것은 물론 국가를 멸망에까지 이르게 한 것이 과연 옳은 일이었을까? 그러한 선택을 한 황윤길은 행복하지 않았을까? 북한이 주는 위협을 인정하지 않는 국내의 정당 간의 분쟁과 오버랩되어 보이는 것은 왜일까? 정말 우리에게 필요한 것이 무엇인가에 대한 목표의 중요성에 대해서 다시 생각하게 보아야 하는 것은 아닐까?

국가라는 거창한 이야기가 아니더라도 공항 근처의 아파트는 보통 공항의 소음 때문에 매우 저렴하게 가격대가 형성되어 있다. 예를 들어, 공항 근처의 아파트 가격이 근처의 비슷한 연식의 비슷한 규모의 아파트에 비해서 1억 원 이상 저렴하다면 층간 소음으로 수면 등에 어려움을 겪거나 힘들어하는 신체적인 손해액이 1억 원보다 크지 않은 사람들만이 구입을 하게 될 것이다. 즉, 피해를 볼 가능성과 피해의 규모가 경제적인 혜택을 넘는다면 아무도 그 집을 구입하려 하지 않을 것이다.

P(피해를 볼 가능성) * L(총 피해-혜택) < 가격적인 혜택

공항에 따라서 야간 이착륙 비행기의 대수가 적거나 야간에 소음 등에 영향 없이 늦게까지 잠을 잘 자는 사람이라면 피해 자체를 안 볼 수도 있다. 또한 직장이 공항이어서 공항 근처에서 살게 되면서 받을 수 있는 혜택이 너무 크다면 공항을 선택할 것이기 때문이다.

하지만 저렴하게 공항 근처를 구입한 많은 주민들이 단체로 반발해서 공항의 이전을 추진한다면 그들은 저렴한 가격으로 생기는 경제적인 효용을 누리고도 추가적인 이득을 취할 수도 있게 된다. 국가는 추가적인 이득을 원하는 주민들의 요구에 응해 주어야 하는가? 비슷한 예로 한국에서 있었던 사드 미사일 방어기지 문제나 일본의 원자력 발전소 문제 등도 있었다. 외교적인 이유로 반대하던 사람들은 아니더라도 많은 사람들이 사드 미사일 기지가 가져오는 전자파가 인체에 미치는 영향 등을 이야기했지만 많은 부분 사실이 아니었고 일본 후쿠시마 원자력 발전소의 개개인의 예측 피복 피해 정도 역시 실제와는 너무 다른 경우가 많았다. 많은 정치인과 행정부 관계자들이 이해관계 등에 의해서 올바른 판단을 하지 못하는 경우 우리는 어떻게 해야 할 것인가? 앞에서도 이야기했지만 AI가 이끄는 시대에는 이러한 근원적인 가치 판단이 더더욱 중요해질 것이기 때문이다.

가장 행복한 국가?

효용은 사회구성원 전체의 개개인의 만족과도 동일한 개념이다. 그런 측면에서 볼 때 대한민국은 국민 개개인의 삶에 대한 만족도가 매우 낮은 나라이며 나라 곳곳에서는 헬조선이라는 말이 유행처럼 번지게 되었다. 실제로 많은 대한민국 국민들이 대한민국을 전 세계에서 유래 없는 최악의 살기 힘든 나라처럼 생각하고 있다. 그러나 아이러니하게도 많은 국가에서 한국을 살고 싶은 나라에 꼽고 있고 실제로 많은 국가에서 난민이나 이주가 진행되기도 한다.

이처럼 효용은 개개인의 만족이기 때문에 교육 수준이나 시대 상황에 따라서 큰 차이를 나타낼 수 있으므로 "전 세계에서 가장 행복한 국가"라는 멋있는 문구는 있을 수는 있지만 국가가 추구해야 할 올바른 방향이 되지 않을 수도 있다.

그렇다면 국가가 추구해야 하는 방향은 효용은 어떻게 반영되어야 할 것인가 또는 절대가치를 기준으로 삼아야 할 것인가. HPI에서 발표하는 국가행복지수에서 전 세계에서 가장 행복한 나라는 의외로 코스타리카가 1위, 베트남이 2위였고 전 세계의 최강국인 미국은 105위에 그쳤다고 한다. 그렇다면 사회구성원의 삶의 만족도가 가장 높은 나라인 코스타리카는 과연 가장 사회적 가치가 가장 높은 나라일까? 물론 그렇지 않을 것이다.

Countries by Rank Order

(countries can also be sorted on HPI colour using collumn C which is hidden)

HPI Rank	Country	Sub-Region	Life Expectan	Well-being (0-10)	Footprint (gha/capit)		Happy Planet Index
1	Costa Rica	1a	79.3	7.3	2.5	=	64.0
2	Vietnam	6c	75.2	5.8	1.4	=	60.4
3	Colombia	1b	73.7	6.4	1.8	=	59.8
4	Belize	1a	76.1	6.5	2.1	=	59.3
5	El Salvador	1a	72.2	6.7	2.0	=	58.9
6	Jamaica	1a	73.1	6.2	1.7	=	58.5
7	Panama	1a	76.1	7.3	3.0	=	57.8
8	Nicaragua	1a	74.0	5.7	1.6	=	57.1
9	Venezuela	1b	74.4	7.5	3.0	=	56.9
10	Guatemala	1a	71.2	6.3	1.8	=	56.9
11	Bangladesh	5a	68.9	5.0	0.7	=	56.3
12	Cuba	1a	79.1	5.4	1.9	=	56.2
13	Honduras	1a	73.1	5.9	1.7	=	56.0
14	Indonesia	6c	69.4	5.5	1.1	=	55.5
15	Israel	3b	81.6	7.4	4.0	=	55.2
16	Pakistan	5a	65.4	5.3	0.8	=	54.1
17	Argentina	1b	75.9	6.4	2.7	=	54.1
18	Albania	7b	76.9	5.3	1.8	=	54.1
19	Chile	1b	79.1	6.6	3.2	=	53.9
20	Thailand	6c	74.1	6.2	2.4	=	53.5

효용의 시대가 온다

이는 사람들의 만족도가 높다고 해서 그들이 반드시 높은 가치라고 볼 수는 없기 때문이다. 왜냐하면 아무것도 모르는 어린아이가 불장난으로 매우 행복할 수 있듯이 효용은 본인의 무지에 의해서 오는 경우도 많기 때문이다. 앞에서 이야기했듯 인간의 가치관은 변화하며 가치관에 따라서 효용은 변화하게 된다.

히틀러가 가져온 행복한 사람들

지금까지 세계의 역사를 돌이켜 보면 수많은 사람들이 종교라는 이념으로 목숨을 바쳤다. 그들의 죽음이 인류에 도움이 되었는가? 물론 일부는 있겠지만 대다수의 경우 그렇지 않다. 그럼에도 그들은 행복하게 죽음을 맞이했을 것이다. 2차 세계대전의 일본의 카미카제 특공대도 죽은 특공대들의 시신을 보면 많은 특공대들이 죽는 순간의 얼굴이 행복이 가득한 얼굴이었다고 한

다른 전쟁범죄에 비해 비교적 알려지지 않은
나치 독일의 만행
레벤스보른(생명의 샘) 프로젝트

다. 이는 우리 인간이 말하는 행복과 만족이 반드시 가치와 연결되지 않는다는 것의 좋은 반증이 될 것이다. 비슷한 예는 우리의 역사 속 많은 곳에 존재한다. 실제로 히틀러는 혼혈인들이 열등하며 혼혈된 종족이 인류를 오염시키고 인류를 퇴화시킬 것이라고 선전했고 많은 사람

들이 히틀러의 말처럼 순수한 혈통만이 인류의 가치와 미래를 지켜 낼 수 있다고 믿었다.

그중에 레벤스보른이라는 프로젝트는 나치에서 이상적인 인간으로 믿는 순수 혈통 "아리아인"을 적극 출산해 전 유럽에 교배, 확산시키기 위한 프로그램으로 처음에는 독일 국내에서 시작되어 차차 전 나치의 유럽점령지에서 강제로 아리아인 혈통의 여자들에게 독일군과 아이를 갖게 하였다.

아이는 아이의 외모가 얼마나 '아리아인'스러운지를 평가받았고 적합한 경우에만 독일인으로 키워졌으며 부적합한 아이는 수용소로 보내지거나 죽었다. 이와 같은 미래의 결과를 알고도 나치에 충성한 사람들은 행복할 수 있을까? 우리가 느끼는 행복이라는 감정 자체가 얼마나 간단하게 조작 가능하며 가치관이라는 척도가 얼마나 불완전한 것인지를 보여 주는 좋은 예가 아닐까?

행복도가 높은 네팔이나 베트남이 정말로 세계에서 가장 행복한 나라일까? 재미있는 사실로 북한에 살고 있는 많은 사람들이 행복지수가 남한보다 높다고 주장하는 사람도 있었다. 물론 그럴 수도 있지만 그게 정말 진실된 행복일까? 실제로 남베트남 사람들이 북베트남에 의해서 통일되기 전에 남북 베트남의 통일과 화해무드에 대해서 지지하던 사람이 매우 많았고 행복하다고 믿었다.

고령화가 가져오는 행복?

우리는 일반적으로 노인이 되면 불행해질 것이라고 생각하고 독거노인문제와 노인 고독사 등의 문제를 떠올린다. 하지만 일본의 한 연구소에서 노인이 될수록 행복감이 늘어난다는 조사가 나왔다. 40세에서 70세의 남녀를 대상으로 한 조사에서 "인생을 되돌아보고, 각 연대의 행복도를 100점 만점으로 평가하십시오."라는 질문을 한 결과 의외의 결과가 얻어졌다고 한다. 실제 40대에서 70대까지 매년 행복도는 늘어나는데 50대에서 60대로 넘어갈 때가 가장 행복하다는 결과가 나왔다. 특히 여성의 경우 50대에 71.9점 정도의 행복도에서 78.6점이라는 급격한 상승을 보여서 더더욱 주목을 받게 되었다.

	전체	남성	여성
40대	70.6	73.1	68.7
50대	72.7	73.8	71.9
60대	76.9	74.7	78.6
70대	78.5	76.4	80.1

*출처 : 오이노 연구소

실은 국내외 여러 연구에서도 비슷한 결과가 나왔는데 우리가 생각하기에는 물론 의학적으로도 노인은 젊은 시절에 비해서 건강이 손상되거나 신체적 기능이 쇠퇴한다. 또한 일을 은퇴하고 수입이 줄어들거나 활동 범위가 좁아 자극이 없어지거나 가족이나 친구, 지인들과의 이별을 경험하기도 한다.

이러한 상황을 고려하면 행복감은 저하될 것인데, 실제로 행복감이 점차 증가해 간다. 이 현상은 "행복의 역설(노화의 역설)"로 불린다. 또한 이러한 이유를 들어서 많은 학자들은 고령화 사회라고 하는 상황은 현실에 일어나고 있는 "현상"이며 극복해야 하는 "문제"가 아니다.

노인들이 이렇게 매년 행복감이 늘어날 수 있다면, 고령화 사회는 행복한 사람의 비율이 증가하는 것이지, 아무런 문제가 없을 것이다. 일부는 세상 일반에 알려져 있는 고령화 사회 문제는 소득의 감소나 생산 인구의 감소 등을 강조한 사회적, 경제적 측면에 불과하다.

물론 "노인만 행복한 것은 문제"라는 차세대 의견도 있겠지만, 그러한 행복한 노인들도 젊은 시절에는 힘들었으며 행복감이 낮았다는 점이다. 그러나 젊은 청년층들이 노인이 되기까지 기다리기만하면 행복감이 높아질 것인가? 그리고 고령기까지 기다려도 행복감이 높아지지 않았다고 하면, 그것은 정말 "문제"인 것은 아닐까?

물론 앞쪽에서도 언급했듯 본인의 지식의 부족으로 가치관의 미정립 등으로 무지로 인해서 행복감이 만들어지고 행복감이 높아지는 시대와 시기가 있었다. 다만 대다수의 일본의 노인들은 본인들이 이룩한 사회에 대한 자부심과 성취감이 그들의 행복을 이끌었고 본인들이 살아온 방식에 대해서 깊은 철학은 가지게 된 것은 아닐까?

소득과 행복의 상관관계

한국은 해방 이후 눈부신 경제 성장을 이뤘고 많은 사람들은 높은 소득의 증가를 겪었다. 많은 사람들은 자신의 자식들에게는 가난한 삶을 물려주지 않겠다는 일념으로 노력했고 이는 결국 1인당 GDP의 증가로 나타났다. 1960년에 전 세계에서 가장 가난한 나라 중 하나였던 대한민국은 1인당 100여 달러에서 2018년 3만 불을 넘는 "한강의 기적"이라고 불리우는 경제 발전을 이루어 냈다.

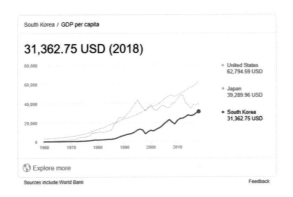

하지만 앞에서 언급한 세계 행복 지수의 표에서도 나타났듯 한국인들은 행복해지지 못했다. 소득이 늘어도 행복지수가 떨어지는 현상을 우리는 이스탈린의 역설이라고 한다. 리차드 이스털린은 1974년의 논문에서 국가의 소득이 비례적으로 증가해도 사람들의 행복이 같은 비율로 증가하지 않는다고 말했다. 일본의 경우 이와 같은 경향이 매우

두드러지는데 일본이 고도 성장을 하던 1984년과 1987년을 비교하면 소득은 큰 폭으로 성장하였지만 행복 생활 만족도는 오히려 감소하게 된다.

일본 1인당 GDP와 생활 만족도의 비교

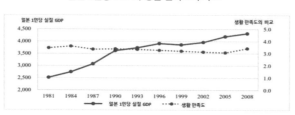

출처: 총무성 인구통계와 평성 20년 국민생활선호도 조사

 이러한 결과가 나타나는 요인으로는 다양한 요인들이 있다고 이야기되고 있으나 주요 이유로는 사람의 행복은 절대 소득이 아닌 상대 소득, 그중에서도 개개인이 비교대상이 되는 집합체의 소득과의 차이가 중요하다는 점이었다. 이는 사람이 자신이 소속되어 있는 집합 속에서 비교를 한다거나 과거의 경험이나 상황과 비교를 하는 경향이 있기 때문인데 이에 따라서 사람은 물질적 욕망에 만족은 계속 변화한다고 한다. 생활수준은 마약이나 알코올과 비슷한 면이 있어서 계속 쾌락이라는 쳇바퀴를 굴리지 않으면 사람은 불행해진다는 것이며 이를 '쾌락의 쳇바퀴(Hedonic Trademill, Brickman & Campbell, 1971)'라고 말한다. 이는 로또에 당첨된 사람들이나 갑자기 승진을 하게 된 사람들이 3개월이 지나면 더 이상 행복을 느끼지 않게 되는 이유이기도 하다. '사

람들은 왜 경제 성장을 추구하는가.'라는 질문에 대해서 "경제가 성장하면 행복도도 높아지기 때문입니다."라고 이야기하지만 이는 크게 두 가지 모순이 있다. 경제성장을 올바르게 판단할 수 있는 지표가 없다는 점과 경제 성장 자체가 우리에게 행복을 가져다주지 못한다는 점이다.

인간의 목표는 최대 행복의 추구인가

인간에 있어서 삶의 목적은 무엇일까? 사람마다 목적이 물론 다를 것이며 추구하는 바도 다르겠지만 인간의 공통적인 가치에 대해서 우리는 고민해 볼 필요가 있으며 많은 철학자 종교인들이 고민해 온 목표이기도 하다. 어떤 이들은 우리는 인생의 목적을 달마(Dharma)라고 하며 누구나가 인생의 목적을 가지고 있다고도 말한다. 그렇다면 사회 전체 인류 전체가 추구하는 인간의 목적은 무엇일까? 혹자는 개별의 목적은 존재하지만 각각의 추구하는 바와 목표가 다르기 때문에 사회 전체의 목적은 존재하지 않는다고도 말한다. 과연 그럴까?

미래학자 엘빈 토플러는 그의 저서에서 태초의 혁명을 농업 혁명이라고 말하였으며 《사피엔스》의 저자 유발 하라리는 농업 혁명은 인간에게 많은 어려움을 가져왔다고 말했다. 실제로 요즘 유행하는 단백질 다이어트, 탄수화물 줄이기 등을 보면 인간은 사실 쌀이나 보리와 같은 탄수화물보다는 수렵 채취를 통한 삶에 최적화되어 있는 것처럼 보인다.

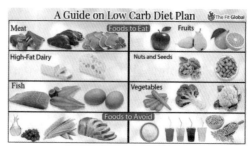

미국의 Low Carbs 다이어트 업체의 광고
— 탄수화물은 악마라는 문구가 눈길을 끈다

많은 영양학자들 역시 탄수화물이 높은 곡류 중심의 식단은 미네랄과 비타민 부족을 가져올 수도 있으며 실제로 고탄수화물 식사는 죽음의 4중주(고혈압, 복부비만, 고지혈증, 인슐린 저항성) 등의 원인이 될 수 있다고 경고한다.

특히 비만이거나 운동량이 적은 사람에게 탄수화물 위주의 식사는 근육 감소 심장병과 신장, 뼈 손상 등의 원인이 될 수 있다고까지 말한다.

이는 수렵 채취를 통한 단백질 중심의 식사가 더욱 건강한 삶을 가져다줄 수 있으며 균형 잡힌 식단으로 몸을 더욱 건강하게 할 수 있다는 것을 의미했다. 또한 우리의 몸은 수렵 채취를 통한 식사에 최적화되어 있으며 물론 수렵 채취가 원활하게 이뤄진다는 가정하에서는 고대의 인간, 즉 농업 혁명 이전의 인간이 농업 혁명 이후의 인간보다 건강하고 편안한 삶을 살고 있었다는 것을 의미한다.

농업 혁명이 이루어지면서 인류는 신체적으로는 수렵 채취를 위해

효용의 시대가 온다

서 최적화되어 있던 신체를 농업에 맞춰서 적응시키는 과정에서 다양한 디스크 탈출증, 관절염, 뼈 손상, 각종 장염 등 다양

고대 이집트의 농업과 고대의 농민들

한 문제가 발생하게 되었고, 농업 혁명이 시작되면서 인류는 식량 부족에 처하게 된 것이다. 인류는 농업을 하게 되면서 인류는 정착하게 되었고 농업에 필요한 막대한 노동력을 위해서 많은 자손들을 낳았고 그에 따라 인구 폭발이 가져오는 식량부족과 싸우게 된 것이다. 유발 히라리는 '농업 혁명은 덫이었다.'라고까지 말했다.

그러나 다시 생각해 보면 인류는 태초부터 불확실성 또는 멸종에 대한 공포를 지니고 있으며 그 불확실성을 극복하기 위해서 오랜 기간 노력해 왔다. 실제로 농경 사회가 가져오는 어려움과 질병을 극복하면서라도 인류는 "식량"에 대한 불확실성을 줄여야만 했던 것이다.

실제로 인류는 다른 동물들과는 다르게 미래의 불확실성이 커지면 자기 절제를 통해서 그 개체 수를 줄이기도 하고 자체적인 조절기능을 가진 유일한 생명체이기도 하다. 이런 측면에서 많은 인류학자들이 말하는 DNA를 후세에 남기는 것이 인류의 최대의 목표라는 말에 동의하기 어려운 부분이다.

식품	"생명 유지"목적으로 새로 추산된 보존 기한(단위: 년)
밀	30년 이상
백미	30년 이상
옥수수	30년 이상
설탕	30년 이상
강낭콩	30년
말린 귀리	30년
파스타	30년
감자 플레이크	30년
말린 사과 조각	30년
무지방 분유	20년
건조시킨 당근	20년

    인류는 원래 만물의 영장이란 위치에 있지 않았다. 그냥 자연에서 살아가면서 맹수들이 정해 놓은 규칙을 지키며 살아가기 급급했고 맹수들이 다니지 않는 곳을 다니면서 맹수들의 활동이 활발한 밤과 어둠에 대한 두려움을 가지게 되었다. 그러나 인류는 인류가 멸망하지 않고 살아남기 위해서 자연을 이해하고 극복하는 과정을 겪었다. 정글북에서처럼 인류는 불을 이용해서 맹수들을 극복하고 농업 혁명을 통해서 자연을 극복할 수 있었다. 이는 많은 문화권에서 주식으로 사용하고 있는 식품의 보존 기한을 보면 보다 쉽게 알 수 있는데, 아래의 표와 같이 우리가 많이 경작하는 식물은 대부분이 장기 보존이 가능한 식품이며 이는 갑작스런 재해나 가뭄 등에도 인류를 살아남게 해 주었다.

    이는 모든 농경 사회의 시작과 지금의 산업 사회로의 전환 등의 모든 인류의 행동들이 결국은 안정적인 생존을 위한 리스크 회피였던 것은 아닐까?

효용의 시대가 온다

변화하지 않는 자

20여 년 전에 발표되었고 경영인들의 지침서라고도 불려 왔던《초우량기업의 조건(In Search of Excellence)》이나《전략은 불황보다 강하다》등의 책들은, 다양한 전략이 어떻게 기업을 바꿔 가는지, 왜 전략이 중요한지를 생각하게 한 좋은 책이었고 필자도 좋아하는 책들이었으나 안타깝게도 여기에서 소개된 많은 기업들은 더 이상 우량 기업이 아니다.

> 강한 자, 똑똑한 자가 살아남는 것이 아니다.
> 변화할 수 있는 자만이 살아남는다.
> － 찰스 다윈

필자가 사회 초년생의 시절에 경영의 신처럼 여겨졌던 잭 웰치와 식스 시그마는 더 이상 사람들이 찾지 않게 되었고 잭 웰치와 이멜트가 남긴 금융산업에 대한 과도한 집중은 결국 140년이 넘은 GE의 시대를 저물게 하는 큰 원인이 되었다.

GE는 오랜 기간 세계에서 기업가치(시가총액기준)가 가장 큰 기업이었고 많은 언론은 잭 웰치를 찬양했다. 한때 잭 웰치를 세기의 경영자라고 이야기하던 언론은 "웰치의 경영 지침서는 버려야 한다.", "능력보다 열정이 있는 사람을 고용해야 한다." 라고 하는 잭 웰치와 반대되는 입장으로 선회했다.

변화하지 못한 대가는 너무도 크다. 대항해시대로 불리는 서강 열강의 시대에서 자의든 타의든 개항을 통해서 변화를 꾀한 일본과 쇄국정책과 외세 이용으로 본인은 변하지 않고 정권유지에만 급급했던 한국과의 차이는 극명하게 드러났다.

자신들의 일자리를 빼앗는다며 기계파괴 운동(러다이트 운동)을 벌였던 영국은 어떻게 되었는가? 만약 당시의 영국 정부가 러다이트 운동을 하던 사람들에게 기계에 대한 교육을 했다면 어떠했을까?

러다이트 운동은 비롯 실패로 끝났지만 러다이트 운동보다 더 큰 영향을 가져왔고 결국 법 제정까지 이뤄졌던 영국의 붉은 깃발법(Red Flag Act)은 어떠한 결과를 가져오게 되었는가?

* 러다이트 운동(Luddite)은 19세기 초반 영국에서 있었던 사회 운동으로 당시 기계로 인해서 실직을 한 네드 러드라는 젊은이의 이름에서 유래되었다고 한다. 산업 혁명에 따른 기계 사용의 보급으로 당시 많은 수공업자와 노동자는 일자리를 잃었고 이 중 급진파들은 섬유 기계를 파괴하였고 1811년에서 1816년까지 5년여에 걸쳐서 지역적 폭동으로 나타났다. 시간이 지나면서 이 용어는 일반적으로 산업화, 자동화, 컴퓨터화 또는 신기술에 반대하는 사람을 의미하게 되었다. 최근의 네오 러다이트 운동도 여기에서 비롯되었다.

마부들의 일자리를 유지하기 위해서 1865년 만들어진 영국의 붉은 깃발법의 내용은 이렇다.

1. 1대의 자동차에 운전수 · 기관원 · 기수 3명의 운전수가 반드시 있어야 한다.
2. 기수는 낮에 붉은 깃발을, 밤에 붉은 등을 들고 55m 앞에서 자동차를 선도해야 한다.
3. 최고 속도는 시내에서 시속 3.2km/h, 시외에서 시속 6.4km/h로 제한한다.

기수가 앞에서 마차를 타고 뒤에 자동차가 온다고 그 위험성을 알리기 위해 깃발을 흔들면서 가는 모습은 상상해 보자. 오늘날의 여러분이라면 대다수가 이럴 거면 왜 차를 타겠냐고 불만을 터트렸을 것이다. 노조와 표를 위해서 자동차는 마차보다 천천히 가야 한다는 말도 안 되는 규칙을 만들고 그 규칙을 강제한 정치인들의 아둔함에 혀를 내두를 지경이다.

당시 증기자동차의 주행 가능 속도가 시속 30km/h 이상이었다고 하니 철저히 기존 산업, 즉 마차 산업을 지키기 위한 행동이었지만 이로 인해서 영국은 산업 혁명의 발원지이자 최초로 자동차를 상용화한 국가였음에도 오늘날 가장 많은 고용을 일으키는 산업 중에 하나인 자동차 산업의 주도권을 프랑스와 독일에게 모두 빼앗겨 버리는 결과를 가져오게 된다. 이후 영국은 영국의 자동차 산업을 살리기 위해서 많은 노력을 하지만 안타까운 점은 한 번 만들어진 법은 바꾸기 어려운 반면 산업이 망하는 것은 순식간이라는 점이다.

　산업의 패러다임이 바뀌면 이를 수용하고 따라야 한다. 그러나 영국은 기존의 마차 산업을 보호하고 그 일자리를 지키려는 규제는 노조와 마부 조합 등 다양한 마차 산업에 있는 이익 집단의 요구를 충실하게 받아들여서 법제화를 시켜 줬고 그에 대한 대가로 많은 영국의 정치인들은 많은 표를 받아서 재선에 당선되었는지도 모른다. 하지만 그 결과는 참혹했다. 세계 산업 혁명의 중심이었던 영국은 혁신을 반대하다가 결국 세계에서 가장 큰 고용을 이루는 산업 중 하나인 자동차 산업의 승자의 자리에서 스스로 내려오게 된다. 지금까지도 독일의 자동차 산업은 직접 고용 88만, 간접고용 87만, 도합 175만 명의 전체 근로자의 4%를 차지하는 중요한 산업 중 하나이기 때문이다.

네오 러다이트 운동

　최근 인공지능과 로봇의 진화에 따라서 초 인공지능이 만들어 낼 유토피아인 싱귤러리티(the singularity)나 인간을 능가하는 로봇에 대해서 무서워하는 사람들로 과거 산업 혁명을 반대하던 러

미국에서 벌어진 로봇 및 AI 반대 운동

다이트 운동에서 유래된 말로써 기술 혁신과 고도 정보화 사회에 반대하고 저지하려는 사람들 말한다.《기계의 시대: 직업이 사라진 미래라는 위협(Rise of the Robots: Technology and the Threat of a Jobless Future)》의 저자인 마틴 포드는 내셔널 지오그래픽을 통해, 자동화가 곧 정치적인 문제가 될 것이며 만약 과학자와 정부가 이 문제를 해결하지 못한다면 "경제적으로 최상층에 있지 못한 다수의 사람들에게는 암울한 미래가 펼쳐질 것"이라고 말했다.

3부

모든 불황의 원인은
효용의 저하에 있다

성장과 효용
인류의 발전과 효용
저금리와 저효용의 시대
저효용의 나라 일본

성장과 효용

효용과 부(Wealth)

어떤 사람들은 효용이 부와 같다고 생각하기도 하며 경제성을 추구하는 것과 효용성이 높아지는 것을 동일하다고 생각하기도 하지만 효용은 보다 원론적이고 철학적인 내용이 될 수 있다. 마이클 센델이 말하던 정의란 무엇인가의 정의를 내리기 어려운 이유도 결국 인류가 추구해야 하는 근원적 가치에 존재에 대해서 많은 사람들이 깔끔한 해답을 가지지 못하였기 때문이다.

나는 이러한 효용에 대한 가치를 설명하기 위해서 최대한 가정과 개개인 회사와 기업 그리고 국가와 정부의 이르기까지 다양한 주제를 다룰 것이고 이는 전통적인 경제학자들이 생각하는 효용의 개념과는 다소 멀어질 수도 있다. 하지만 효용의 근원적인 의미인 "the state of being useful(사용하는 가치가 높은 상태)"라는 정의에 입각해서 효용에 대한 재해석 진행할 것이다.

장기간 긴 경제성장기에 효용은 사실 크게 중요하지 않았다. 경제적인 부가 바로 효용이었고 가난에 찌들려 끼니를 걱정하던 사람들이 하나둘씩 중산층으로 또는 상류층으로 이동이 진행되면서 우리는 그것이 경제성장이고 우리 사회는 보다 선진화되고 높은 효용의 사회가 되어 간다고 믿었다. 장기 고도성장기간을 통해서 한국을 비롯한 많은 국가들이 성장하였고 우리 사회에는 많은 시장옹호론자들이 생겨났다.

　그러나 교과서에서 말하는 또는 시장옹호론자들이 말하는 것처럼 수요와 공급은 항상 일치하지 않았고 사람들이 생각하는 행복과 고통 역시 항상 공급과 매치되지 못하였다. 가격이 아무리 낮아져도 미국을 비롯한 대다수의 국가에서 빈부격차는 확대되었고 아프리카를 비롯한 많은 국가의 사람들의 빈곤은 더욱 악화되었다. 결국 시장은 이들의 수요에 대답해 주지 못하였고 지금까지 경제적인 성장이 효용이고 시장이 전부라고 믿던 믿음이 무너지기 시작했다.

　하지만 여기서 말하고자 하는 내용은 부자의 돈을 빼앗아서 가난한 사람에게 나누어 주어야 한다는 내용은 아니다. 이전에 왜 우리는 부와 효용을 혼돈해서는 안 되는지, 보다 높은 효용을 지닌 사회를 만들기 위해서 기업, 국가, 개인이 어떻게 나아가야 하는지를 조금은 우리의 근원적 가치에서 찾아보고자 함에 있다.

　효용의 혁신은 창의적인 기업가들과 사회, 정치, 교육, 문화 부분의 경제인들에게 수많은 기회를 가져올 것이며 이는 우리 사회가 안고 있는 빈곤문제, 저출산 문제, 실업 문제 등 오랜 기간 우리를 힘들게 만들던 문제들의 해결책이 될 수도 있다.

무너져 버린 시스템

노벨 경제학상을 받은 조지프 스티글리츠는 그의 저서에서 다음과 같이 말했다.

첫째, 시장은 제대로 작동하지 않고 효율적이거나 안정적이지 못하며

둘째, 정치 시스템은 시장의 실패를 바로잡을 의지나 능력이 없고

셋째, 현재의 경제 시스템과 정치 시스템은 올바르지 않다.

우리가 말하는 시장이 제대로 작동하기 않고 효율적이지 않다라고 하는 것은 결국 특정 가치를 올리는 데 과거보다 그 능력이나 효용이 떨어진다는 말이 될 것이다.

요즘의 많은 학자들은 고대의 그리스인들처럼 "전체 사회의 가치가 올라가고 있는가?" 또는 "내려가고 있는가?", "과거 10년간의 사회적 가치의 상승폭이 예전 10년의 상승폭보다 커지고 있는가?" 또는 "작아지고 있는가?"에 대한 연구를 예전처럼 활발하게 하지 않는다. 많은 경제학자들이 배당을 주면 또는 주식분할(Stock Split)과 병합(Reverse-Stock Split)이 기업의 금전적인 가치에 미치는 영향을 계산하고 있지만 금리가 계속적으로 낮아져서 많은 국가에서 제로금리에 도달하고 있고 다양한 재정정책으로 과도하게 유동성이 공급되는 상황에서 기업의 가치의 상승이 기업의 효용의 증가에 비롯된 것인지 또는 과도한 유동성에서 비롯된 것인지를 어떻게 판단할 것인가?

메이도프에게 당한 굴지의 금융기관들	단위: 원
산탄데르 (스페인 최대 은행)	4조2222억
HSBC (유럽 최대은행)	1조3620억
나티시 (프랑스 투자은행)	8395억
로열뱅크오브스코틀랜드 (영국 은행)	8326억
BNP파리바 (프랑스 은행)	6529억
BBVA (스페인 2위은행)	5597억
맨 그룹 (세계 최대 헤지펀드)	4903억
라이히무스 (스위스 은행)	4427억
노무라 홀딩스 (일본 최대 증권사)	4146억
유니크레디트 (이탈리아 최대 은행)	1399억
방코 포폴라레 (이탈리아 은행)	1269억
노르디아 방크 (북유럽 합작은행)	895억
AXA (프랑스 보험사)	180억 미만
소시에테 제네랄 (프랑스 은행)	180억 미만
크레디 아그리클 (프랑스 은행)	180억 미만

서브프라임 모기지 사태로 파산한 자산 6700조 원의 미국 4번째 규모의 증권사였 던 리만 브라더스

전 세계에서 가장 거대한 규모의 폰지 사기 사건이었던 메이도프에게 당한 전 세계의 금융기관들

이는 어떤 의미에서 효용은 사회 통념적인 가치 또는 개개인들의 가치에 따라서 가변적이며 많은 부분에서 우리가 말하는 부와 같이 동일시되는 면이 많다. 하지만 서브프라임 사태가 만들어 낸 금융위기나 버나드 메이도프 폰지사태같이 재화의 본연의 가치와 부(Wealth)가 일치되지 않는 다양한 케이스들이 있으며 앞으로 변화하는 4차산업혁명의 시대 역시 이러한 근원적인 가치에 대한 통찰력이 없다면 필요 없는 곳에 재화는 낭비되고 많은 기업과 국가는 파산하고 국민들은 어려워질 것이다. 하지만 앞에서도 이야기했듯이 힉스 이론을 발전시킨 존 힉스는 사실 효용을 측정할 수도 측정할 필요도 없다는 결론을 멋대로 내려 버렸다.

실제로 많은 개인, 기업, 정부들이 효용이나 인류의 근원적 가치보다는 돈이라고 하는 개념에 너무 집착한 나머지 효용과 가치를 동반하지 않는 돈(Wealth) 자체만을 추구하다 보니 이와 같은 문제가 계속해서 생겨나는 것이다. 서브프라임 모기지 사태의 시작 취지 자체는 나쁘지 않았다. 초창기에는 저소득층에게도 마이홈을 가질 수 있는 기회를 제공하였으며 어떤 의미에서는 그들에게 보다 인간다운 삶을 제공해 줄 수 있는 복지였다고도 볼 수 있었다. 하지만 본인들이 사회에 제공할 수 있는 가치와 본래의 자산의 가치의 이상을 모기지 채권의 리패키징을 통해서 재판매하게 됨으로써 본래의 가치보다는 높은 수익률의 상품으로 변질되어 버린 것이다. 본연적인 가치의 상승을 동반하지 않는 가격의 상승은 투기이며 이를 잘 바라볼 수 있는 능력이 현대인들에게는 더더욱 필요하게 되었다.

시장시스템과 효용

시장시스템은 우리가 생각하는 것처럼 효율적이지도 새로운 효용을 만들어 내지도 못한다. 그리고 그 이상으로 정치적인 이유나 이해관계자들의 특수한 이해관계에 따라서 바른 방향으로 가지 못할 수 있다. 게다가 이러한 효용을 측정하는 방식 또한 실제 현실을 반영하지 못한다는 치명적인 결점이 있다. 실제 현실 세계에서 낭비되는 어마어마한 자원이 있고 생산에 투입되지 못하는 많은 실업자와 공장들이 있다. 저성장 시대가 시작되면서 기업들은 재화를 사용하여 보다 높은 가치를 창출할 수 있는 사람 또는 기업을 찾지 못하고 적정한 경제적인 부를 가진 사람들 또는 기업들로부터 생각하는 것만큼 수요를 이끌어 내지 못하며 일자리를 원하는 많은 사람들에게 양질의 일자리를 제공하지 못한다. 그러나 시장시스템을 대체할 시스템이 있는가라는 질문에는 누구도 답변을 어려워한다. 수정자본주의에서 말하는 정부의 개입이 효용과 효율을 증가시킨다면 그 효용과 효율은 금전적인 효용과 효율인가 아니면 벤담이 말하던 인간 한 명, 한 명의 만족도를 나타내는 것일까? 효율적인 효용의 증대라는 것을 이야기하기 전에 각각의 정부가 추구하고자 하는 효용에 대해서 구체적으로 논의되고 국민의 동의가 이루어져야 하는 것은 아닐까?

버나드 로렌스 "베르니" 메이도프 사건

버나드 로렌스 버니 메이도프(Bernard Lawrence "Bernie" Madoff, 1938년 4월 29일~)는 전직 미국 증권 중개인, 투자 상담사, 나스닥 외부 이사를 역임하였으며 역사상 최대 규모의 폰지 사기 주동자로 알려져 있다.

2009년 3월, 메이도프는 연방법 중 11가지를 위반했다는 혐의와 수천 명의 투자자들에게서 650억 달러에 이르는 돈을 폰지 사기를 통해 경영 자산으로 만들었다는 혐의에 대해 유죄 판결을 받았다. 메이도프 자신이 폰지 사기를 1990년대 초부터 시작했다고 밝혔지만 연방검사들은 메이도프가 주장하는 것보다 훨씬 이른 시기인 1970년대부터 불법적으로 투자금을 모아 왔다고 주장했으며 따라서 이 시기의 투자금은 한 번도 기소된 적이 없다고 주장하고 있다. 사기로 벌어들인 돈을 포함하여 고객 계좌의 손실 총액은 650억 달러에 이른다. 법정 관리

이사회는 투자자들의 실제 손실액은 180억 달러라고 추산했다. 2009년 6월 29일 그는 최고 150년 형을 선고받았다.

목표 설정부터 잘못되었다
— GDP의 한계점

전 세계의 많은 국가들은 잘못된 목표를 향해서 달려가고 있다. 우리는 이미 알고 있다. GDP의 성장이 우리에게 행복을 가져오지도, 효용을 증가시키지도 못한다는 사실을 말이다. 그럼에도 많은 사람들은 GDP성장이 순조롭게 올라가고 있음으로 본인들이 행복해지고 있다고 경제가 순조롭게 이루어지고 있다고 생각했다.

우스갯소리로 어떤 남자가 이혼을 하고 가정부를 고용하면 GDP는 증가한다고 한다. 가정부의 연봉이 GDP 계산에 잡히기 때문이다. 그러다가 그 남자가 이 가정부와 결혼하면 GDP는 다시 감소한다. 부인이 된 가정부의 가사 노동은 GDP 계산에서 제외되기 때문이다. 이는 무엇을 의미하는가? GDP가 성장하여도 사람들은 더 불행해질 수도 있고 인류의 효용은 감소할 수도 있다는 것을 의미한다. 실제로 한국에서 보증금을 많이 내고 월세를 받지 않는 전세 제도는 아직 금융에 대한 지식과 실제 투자 경험이 적은 사회 초년생들이나 금융 문맹인들에게 월세 지출을 아껴 주고 보다 금융지식이나 자본이 많은 자본가들이 낮은 금리로 자금을 조달해서 투자를 하게 만든다는 측면에서 부를 조정하는 역할을 일정 부분 담당했다고도 볼 수 있다. 하지만 이는 월세 제도만이 존재해서 월세 수입이 GDP로 포함되는 타 국가들보다 GDP가 훨씬 낮게 잡힐 위험이 있어서 GDP의 성장을 이뤄야 하는 정부 입장에서는 그리 좋은 제도가 아니다.

실제 많은 경제학자들이 GDP의 한계점을 이야기한다. 조지프 스티글리츠는 **"GDP는 사회발전, 시장상황 등을 잘못 측정함으로써 더 나은 지표 개발에 초점을 두지 않았다."**라고 하면서 **"이런 점으로 GDP는 정치적 행동 등에 있어서 왜곡된 측면을 낳았고 사회 발전에 위험을 주었다."**라고 지적했으며 《선악의 경제학》의 저자인 세들라 체크는 GDP의 D를 Domestic이 아닌 Debt라고 표현하면서 지금의 부채를 통한 성장에 대한 문제점을 여러 번 경고했다. 그는 2001년 아르헨티나 경제위기 2008년 글로벌 경제위기 역시 모두 과거의 GDP성장이 부채를 통한 보여 주기 식의 경제 성장으로 지속가능성이 없는 경제성장이었기 때문이라고 지적한다.

많은 효용이 감소하고 국민들의 생활만족도가 떨어짐에도 GDP가 크게 떨어지지 않은 이유도 여기에 있다. GDP가 아닌 효용을 보다 우리가 중요하게 생각해야 하는 이유가 여기에 있다.

작은 정부와 큰 정부

오랜 기간 많은 경제학자들 사이에서 논란이 되었던 이야기이다. 효용을 위해서는 작은 정부 원칙이 우선되어야 한다고 그러나 이것이 정말 사실일까라는 점에 대해서는 항상 이견이 많다. 어떤 이들은 정부의 셀프 고용으로 성장하는 국가는 없다고 이야기한다. 사실일까?

실제 서울 시내의 일부 구청에서 운영하는 서점이나 구두가게를 보면 유동인구가 아무리 많은 곳에 있어도 매년 적자라고 한다. 그러나 옆에서 한두 달만 지켜보면 금방 그 이유를 알 수 있다. 동기 부여가 되지 않는 서점의 베스트 셀러는 매번 관리되지 않아서 구석에 박스로 쌓여 있고 책들이 정리가 되지 않아서 어떤 책이 있는지 알 수도 없을 뿐 아니라 점원도 자리를 비운 경우가 많으며 책의 위치 등을 물어봐도 전혀 모른다. 이유를 물어보니 책방을 운영하는 사람들이 공무원 또는 공익근무요원이다 보니 아무도 판매 수익에 신경을 쓰지 않는다고 한다. 본인의 급여가 연관되지 않고 동기부여가 되지 않으니 대부분 핸드폰이나 보면서 시간만 때우고 있다. 정말 비효율의 극치에 가깝다. 일반 개인이 운영하는 서점이라도 그럴 수 있을까? 절대 아닐 것이다. 이를 '구축효과'라고도 하는데 정부가 할 수 있는 일을 하지 않고 민간에서 잘하는 분야에 들어가서 무한대로 자본을 공급하면서 민간 분야의 성장을 저해하는 행태로는 영원히 지속할 수 없다.

그럼에도 한국을 비롯한 많은 국가에서 제살 파먹기 식 공공부문 일자리 증가를 추진하고 있다. 세금을 통한 일자리 창출은 정치인들에게 있어서

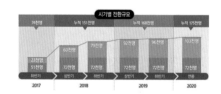

한국의 공공부문 일자리 증가 추이

효용의 시대가 온다

큰 유혹이다. 혜택을 보는 계
층이 정해져 있고 비용이 광범
위하게 분산되므로 표심에 직
접적인 도움이 된다. 게다가
정부는 기업처럼 쉽게 도산하
지 않는다. 일본의 경우 국가

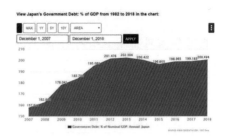

일본의 국가부채대비 GDP 추이

의 채무가 전체 GDP의 200%를 넘어섰음에도 재정적자를 유지하면서
얼마든지 표심을 잡을 수 있다. 다른 말로 포퓰리즘에 시작이고 이러
한 정치적인 목적이 혜택받는 계층들의 표심을 확실하게 잡게 되면 이
들은 부동층이 되어서 비효용을 누적시킨다.

일반적으로 민간기업이 과대 고용을 하면 이는 바로 직접적인 비용
의 증가로 경쟁력을 잃고 도태될 뿐만 아니라 파산 등을 통해서 시장
에서 퇴출된다. 그러나 정부는 무한대로 정부고용을 늘릴 수 있다. 그
러나 그들에게도 할말은 있다. 그들은 그동안 시장을 통한 기업부문의
일자리 창출이 정체되어 있기 때문에 부득이 정치권이 나설 수 밖에
없다는 것이 그들의 이유다. 여기서 항상 이야기되는 것이 낙수 효과[3]
가 없다라는 일부 경제학자와 시민단체들의 주장이다.

정말 낙수 효과가 없었을까? 우리가 낙수 효과의 유효성을 이야기할
때 일부에서는 부자 감세에 대해서 이야기한다. 각 개인들에 대한 감

---

3 낙수 효과(落水效果) 또는 트리클다운 이코노믹(영어: trickle-down economics)은 대기업, 재벌,
고소득층 등 선도 부문의 성과가 늘어나면, 연관 산업을 이용해 후발·낙후 부문에 유입되는 효과를
의미한다.

세에 따른 낙수 효과는 각 개인이 사용할 수 있는 돈에는 한계가 있기에 낙수 효과에 유효성에 대해서는 필자 역시 부정적이다. 하지만 기업에 대해서는 다르다. 샤프의 몰락으로 힘들어진 카메야마시나 일본의 많은 공업단지 또는 한국의 대표적인 공업도시들이었던 김해나 창원의 지금과 과거를 비교해 보자. 실제로 전 세계의 많은 도시들이 각 지역의 대표기업이 힘들어지거나 공장을 폐쇄하면서 일자리가 없어지자 세수가 줄며 도시가 활력을 잃는 것이 이미 많은 곳에서 나타난 사실이다. 그러한 상황에서 지방정부가 일본의 일부 도시들과 같이 지방정부채권 등을 찍어서 무리하게 경기 부양을 하거나 일자리를 만들어 내면 이는 결국 지방정부의 건전성 악화로 이어져 다음 세대의 부담이 될 것이고 그렇게 되면 결국 그 도시는 유령도시화가 진행되는 것이다.

물론 일부에서 기업의 일자리라고 해도 일자리의 질적인 부분을 지적하는 사람들도 있겠지만 한국의 대통령뿐만 아니라 일본의 총리, 미국의 대통령까지 "일자리는 최고의 복지"라는 점을 계속 강조하고 있다. 또한 일본을 비롯한 많은 경우에서 보듯 정부가 아닌 기업이 돈을 벌어서 일자리를 만들어 내는 선순환 구조가 없이는 도시경쟁력 국가경쟁력을 떨어뜨리게 될 것이며 이는 일본의 지방도시들의 예에서 보듯이 결국 도시나 국가의 장기적으로는 존립 자체를 불가능하게 할 것이기 때문이다.

또한 낙수 효과의 무효성을 주장하는 사람들이 항상 이야기하는 부분이 미국의 레이거노믹스로 불리는 레이건의 감세 정책과 조지 부시

대통령 시절의 대기업에 대한 감세 정책이 실제로 소득격차를 늘렸다는 주장이다. 특히 부시 대통령 집권 기간의 통계를 보면 다양한 감세 정책이 결국 상위 1%의 부자들의 소득만을 증가시켰으며 아무런 일자리 창출 효과도 없었다는 주장인데 이는 레이건 때와는 다르게 중국이 세계의 공장으로 성장하고 공장의 자동화 등으로 경쟁력이 떨어지는 미국내의 공장들이 중국으로 이전하면서 고용지표들이 악화되었기 때문이다.

실제 부시 행정부 시절의 감세정책이 없었다면 고용지표들이 더 악화되었을지도 모른다. 사실 중국의 성장에 따른 일자리의 문제는 아시아 각국에도 큰 영향을 미쳤다. 아시아 각국은 물론 전 세계에 일자리가 중국으로 넘어갔으며 이는 많은 국가들에게 경제위기를 가져오기도 했다. 하지만 이와 같은 중국의 저임금으로 제조업 중심의 경제에서 다양한 신산업을 성장시켜 많은 국가간의 인적자원을 포함한 다양한 자원들이 보다 효율적으로 배분되게 만든 것은 아닐까? 그런 효율적인 배분이 결국 미국의 실리콘 벨리와 같은 첨단 산업을 만들어 낸 것은 아닐까?

물론 조지프 스타글리츠가 이야기한 것과 같이 혁신이 없이 로비 등을 통해서 또는 기존의 규모의 경제 등에 유리함을 이용해서 사업을 유지하는 경우 정부의 공정한 시장경제에 대한 책임은 더 커져야 할 것이며 실제로도 점점 커져 가고 있다.

국가 자본주의로의 귀환? State capitalism

2008년 금융위기에 많은 사람들이 풀지 못한 숙제가 있었다. 그것은 바로 "왜 리먼 브라더스는 살려 주지 않았는가?"이었다. 물론 다양한 이유가 있었겠지만 베어스턴스, AIG, 프래디맥 등 많은 회사를 살려 준 미국 정부가 리먼 브라더스는 본보기로 가차없이 파산을 시킨 이유에 대해서 필자가 많은 금융권 관계자들과도 이야기해 보았지만 누구도 정확한 답을 주지는 못했다.

필자가 받은 인상은 매우 정치적인 판단이 아니었는가 하는 점이다. AIG나 프래디맥처럼 일반 대중, 즉 유권자들에게 영향을 많이 주지 않으면서 베어스턴스만큼은 크지 않고 다른 유사기업들에게 본보기가 될 수 있는 기업이 바로 리먼 브라더스였다는 점이었다. 하지만 이러한 본보기 식 처벌과 파산이 정말 옳은 것일까? 경쟁력이 떨어진 좀비기업은 파산하는 것이 맞다. 하지만 국가자본주의는 자신들의 표를 떨어트릴 수 있는 기업들을 파산시키지 않고 자신들에 목적에 반대되는 기업들만을 파산시킨다.

2020년에 시행을 준비 중인 미국 정부의 회사채 매입프로그램도 결국 정부가 주도하는 형태가 된다. 실제 시장에서 어느 기업을 살릴지 죽일지를 결정하는 것이 아닌 정부가 이를 조정하는 사회가 정말 공정한 사회일까? 국가 자본주의가 가져올 부작용은 이미 불을 보듯 뻔하다. 한국의 IMF 이전에 정치권을 동원한 한보철강사태와 중국의 무수한 좀비공기업들이 그 미래이다. 결국은 국가 주도경제가 가져올 미래는 경쟁력이 떨어지는 기업들이 로비를 하고 그 로비를 통해서 연명하는 세상, 일부 권력자들만의 리그가 시작되는 것이고 경쟁력이 없어도 정치권만 이어지면 망하지 않고 사업을 무한대로 확장할 수 있는 대마불사의 시대가 일어나는 것을 의미한다.

이는 자본시장의 관점에서 보면 자본의 최적배분을 시장이 하는 것이 아니라 국가가 정한다는 측면에서 지금까지의 경제방식과는 많이 다르다. 물론 일본, 한국, 중국 등 아시아 각국의 고도성장에도 스테이트 캐피탈리즘이 작용했던 것은 사실이지만 결국은 과도한 스테이트 캐피탈리즘이 몰고온 것은 잃어버린 20년과 IMF 그리고 지방자치단체 부실이었다.

잘못된 스테이트 캐피탈리즘은 엄청난 결과를 초래한다. 이는 어릴 때 했던 부르마블과 비슷하다. 공정하게 게임을 할 수 있는 상황이 맞춰진다면 자율성이 최대한 존중받아야 한다. 하지만 부르마블(Monopoly Game)에서 부정이 제일 일어나기 쉬운 은행장(게임에서 게임머니 등을 환전하는 역할을 하는 사람)이 부정을 저지르고 있다면 게임 자체가 망가지게 되므로 공정한 심판이 없는 자본주의는 엄청난 재앙이다. 하지만 심판이 어느 지역 물건을 사고 팔고를 결정한다면 이 또한 큰 문제일 것이다. 예를 들어, 게임에서 지고 있던 플레이어가 짜증을 내자 심판이 마음대로 은행 돈을 플레이어에게 주거나 모두의 돈을 공평하나 나눠 버리면서 자본의 흐름을 조작한다면 또한 심판이 마음대로 특정 플레이어에게 혜택을 주고 뒤로 리베이트를 받는다면 이 역시 큰 재앙일 것이다.

지금 전 세계의 경제를 각국의 정부가 주도하는 지금의 경제는 과거의 기준으로 볼 때 납득이 되지 않는 상황이다. 이미 잘 사용하지 않는 단어가 되었지만 과거 관치경제는 민간의 자율성을 좀먹고 국가 경쟁력을 저해하는 반드시 피해야 하는 것으로 배웠다. 하지만 Forbes에서 2020년에 발표된 국가자본주의의 부활이라는 기고를 통해서 전 세계가 국가자본주의로 가고 있음을 이야기하고 있다. 왜 그런 것일까? 이유는 간단하다. 특정 국가나 집단이 본인들의 이익을 위해서 공정한 경쟁을 저해하여 공정한 경쟁이 이뤄지지 않고 있기 때문이 아닐까? 실제 일본의 잃어버린 20년간 혜택을 본 국가는 어디였는가? 혜택을 본 계층은 어디였는가?

마르크스와 노동가치설

사실 마르크스의 노동가치설에 대해서 기록을 해야 하느냐에 대해서 개인적으로 약간 망설임이 있었다. 많은 경제학자들이 마르크스를 인정하지 않았으며 경제학자인 프랭크 한(Frank Horace Hahn, 1925. 4. 26.~2013. 1. 29.)은 "대다수의 마르크스주의자나 추종자들은 마르크스의 저서들을 단 한 권도 읽지 않았지만 그들을 나무랄 수는 없다."라고 이야기했고 많은 경제 학자들도 마르크스에 비판적이었다. 하지만 사실 시간이 지나고 보면 마르크스는 모든 부분에서 틀린 이야기를 한 것이 아니었고 마르크스는 예언을 했다기보다는 경고를 했다고 생각하는 게 맞다. 물론 러시아나 북한이 행하였던 사회주의는 마르크스가 원하던 바가 아니었고 마르크스는 일정 부분 자본주의를 찬미했다. 마르크스는 자본주의가 없었다면 인간은 훨씬 열악한 환경에서 신음했을 것이라고 생각했다. 실제 타협하는 스타일이 아니었기에 마르크스가 바라던 세상은 자본주의도 지금의 시장적인 공산주의도 아니었을 것이라 생각한다. 실제 마르크스가 주장했던 10개 항목의 계획을 살펴 보자.

1. 토지 사유제 금지
2. 누진 소득세 실시
3. 상속권 철폐(상속세 확대)
4. 반역자나 이민자의 재산 몰수
5. 국립은행의 국가 자본 독점 운영을 통한 신용대출 제도의 국유화와 중앙집권화
6. 교통, 통신 등의 기간산업의 국유화와 중앙집권화
7. 국유 공장의 확장과 황무지 개간 등의 국가 계획에 의한 토질 개선 추진
8. 노동의 평등 의무화
9. 인구 분산을 통한 도시와 농촌간의 구분 철폐
10. 아동의 무료 교육과 미성년아동의 취업 금지

사실 1번, 9번이나 4번을 빼고는 지금의 우리들에게 크게 거부감이

없다. 누진세는 이제는 많은 국가에서 당연시되고 있으며 상속세에 대해서도 노동평등이나 미성년 자녀의 장시간 교육이나 무상 교육 등은 이제는 거의 누구나가 반드시 필요하다고 느끼는 부분이며 교통이나 통신 등의 국가 기반시설에 대해서 많은 국가에서 별도의 법령으로 국가가 관리하도록 되어 있다.

또 하나 재미있는 점은 마르크스가 생각한 이윤율, 즉 '잉여가치/(불변자변+가변자본)'가 줄어들면 많은 기업들이 파산하고 이는 대량의 실업자를 생산해서 상품 가격의 폭락을 가져오는데 자본가는 경제 후퇴기, 즉 불황을 싫어하지 않고 경제 위기가 자본주의를 발전시키는 것은 물론 본인들의 자본 증식의 기회라고 생각했다는 점이다.

마르크스가 남긴 것은 산업 혁명과 같은 경제 변화는 큰 고통을 수반한다는 것을 알려 주었고 국가와 기업이 둘 다 산업의 변화에 뒤처진다면 많은 실업으로 개인이 고통받게 된다는 점이다.

당시 임금 노동에 관한 법률들은 노동자를 착취하기 위한 목적의 법률들이었으며 노동자 계급에 적대적이었다. 또한 많은 부분에서 비효용을 가져왔는데 대표적인 예가 법률이 모든 산업 종사자들의 임금을 정하고 법률이 정한 임금보다 많은 급여를 주는 고용주는 10일간의 금고형에 처해졌고 노동자 역시 21일간의 금고형에 처해졌다. 따라서 아무리 일을 잘해도 더 많은 급여 지급이 금지되었고 변화와 혁신을 해도 아무런 혜택을 받을 수가 없었다.

결국 피지배계급의 일방적인 과도한 착취는 궁극적으로 사회 전반의 효용을 떨어트린다는 점이고 우리가 21세기 인공지능이 이끄는 세상에 뒤처지면 어떠한 결과가 다가올 것인지에 대해서 생각하게 해 주었다.

마르크스의 말처럼 지금 인터넷을 떠도는 많은 자본가들이 다가올 경제위기에 대해서 이야기하고 자산을 현금화 하며 금 또는 달러를 사두는 등 다양한 방식으로 경제 위기를 본인들의 자본 증식의 기회로 활용하려고 하고 있지만 4차 산업 혁명이 끝나고 나서 누가 살아남을 지 알 수 있을 것이다. 하지만 최저 임금과 누진 소득제가 당연시되고 아동들의 무료 교육이 전 세계 많은 곳에서 의무화된 지금의 변화한 자본주의를 본다면 마르크스는 어떤 말을 할 것인가?

인류의 발전과 효용

인류의 발전과 효용
― 효용 혁명

　인류의 발전을 효용의 측면에서 본다면 어떻게 될 것인가? 산업 혁명이 큰 효용의 증가를 가져온 것은 사실이지만 효용의 입장에는 그보다 큰 혁명이라고 불릴 만한 사건들이 있었다. 인류는 250만여 년 전에 최초로 도구를 사용하여 약간의 직접적인 시간적 또는 물질적 효용을 이룬 것으로 보여지며 80만여 년 전부터 불을 사용하여 동물들로부터 자신을 보호하거나 고기를 익혀 먹음으로써 다양한 균으로부터 자신을 지키게 되면서 수명이 늘어나서 늘어난 수명만큼 효용을 증가시킬 수 있었다. 이후 다양한 의료의 발전으로 인류의 효용은 크게 늘어나게 된다. 또한 화폐와 시장(Market)이 생겨나면서 각각 다른 필요(Needs)를 가진 사람들이 각기 다른 재화를 파는 사람을 찾아 다니는 노력과 시간을 절약함으로써 모두 직접적인 효용 증가시켰으며 이후 이동 수단과 통신수단의 발달로 인류사회의 접촉과 인간과 인간이 만나는 빈도가 급격하게 증가하게 되었다. 일부에서는 도시의 발전과 엘리베이터의 발명이 "사람과 사람 간의 접점"을 증가시켜서 도시화가 인류를 발전시켰다고도 이야기한다. 직접 효용의 대표주자 격인 교통수단, 통신수단, 의료의 발전 시장과 화폐의 발전들은 사용자의 시간을 크게 단축시켰거나 상대 시간을 단축시켰다. 하지만 사용자가 자신의 시간을 절약하는 것이 아닌 제3의 수혜자(Beneficiary)에게 효용을 가져오는 간접적 효용은 보통 훨씬 파급력이 큰 효용을 만들어 낸다. 이는 정보사회에서도 동일하게 적용되는데 효용은 직접적이지는 않지만 접속할 수 있는 매체의 숫자가 커짐에 따라, 보다 강력한 효용이 되며 최초의 체계적인 간접적 효용의 발견이 후에 일어나게 된다.

따라서 필자가 생각하는 1차 산업 혁명과 2차 산업 혁명은 효용의 기준인 '시간'의 측정으로 본다면 많은 실업자를 만들어 냈으나 많은 사람들의 일자리를 뺏음으로써 많은 실업자들을 양산하게 되어 그들의 시간을 효율적으로 사용하지 못하게 하였다. 결국 이는 기존의 산업을 잠식한 측면도 많아서 효용의 측면에서는 조금 다른 1차와 2차 효용 혁명을 생각해 본다. 이는 우리가 핀테크를 비롯한 다양한 벤처 기업을 생각할 때와 비슷하다. 새로운 개념과 혁신으로 지금까지 없던 효용을 가져오는가? 아니면 기존의 존재하던 비즈니스를 보다 나은 측면에서 발전시키는가가 여기에 해당할 것이다.

〈 기술의 발전과 산업혁명의 진화 〉

우리는 학교에서 인류의 발전과 산업 혁명에 대해서 위의 표와 같이 배웠지만 《사피엔스》의 저자 유발 하라리는 인류의 발전이 뒷담화로 인해서 크게 발전했다고 이야기를 했고 이로 인해서 인류는 허구를 말할 수 있게 되어 인류의 상상력을 발전시키고 창조성을 지니게 되었다고 생각했다(《사피엔스》, p. 46, 2장 지식의 나무). 하지만 사실 정말 뒷담화가 인류의 상상력에 얼마만큼 직접적인 영향을 미쳤는지를 알 길이 없다. 하지만 그의 주장대로 다양한 커뮤니케이션이 언어를 발전시켰고 언어의 발전이 인류의 발전에 지대한 공헌을 하였다는 점에 대해서는 아무도 이견을 제기하지 못할 것이다.

인류가 최초로 도시를 만들고 의미 있는 규모의 군집생활을 시작한 것은 학자에 따라 의견이 조금씩 다를 수는 있으나 농업 혁명의 시작한 시기와 일치한다. 농경과 목축을 통한 생산 경제를 발전시킨 덕분에 잉여 생산물이 생겨났고 잉여 생산물을 저장, 분배하는 과정에서 많은 학문이 생겨났다. 도시의 탄생으로 사람과 사람의 접점은 늘어나고 거래를 위해서 숫자는 발전했으며 잉여 생산물이 존재하게 됨으로

효용의 시대가 온다

써 사람들은 매일매일 사냥을 고민하기보다 천문을 공부해서 날씨와 미래를 예측하려 하였으며 그 과정에서 언어는 비약적인 발전을 하게 되었다. 뒷담화가 언어의 발전에 상상이라는 부분을 만들었다고 하는 주장이 어디까지가 사실인지는 알 수 없고 인간의 수면 중에 꿈을 통해서 다양한 상상 속의 일들이 일어나는 것이 과거에도 있었다고 생각해 보면 뒷담화가 상상력을 만든 것이 아니라 자연스러운 사피엔스가 가지는 능력 중 하나였다고 본다.

하지만 《사피엔스》의 저자의 말대로 멸종의 공포와 위험에서 자신들을 지키기 위해서 모든 현대 질병의 원인이기도 한 농경 사회로의 변화를 통해서 인류는 결국 언어체계를 수립하고 언어를 통해서 정보를 공유 습득하게 되면서 인류는 정보를 체계적으로 정리, 기록할 수 있게 되었다. 최초의 정보저장매체, 즉 책이라는 저장 매체가 만들어지는 시점이 효용의 측면에서의 첫 번째 혁명이었으며 이는 사실 농업혁명의 산물이자 농업 혁명을 발전시킨 매개체이기도 했다.

또한 책이 생겨남으로 인해서 특정 사람들이 보낸 많은 정보를 직접 경험해 보지 않고도 체험해 볼 수 있게 해 주었고 도시를 발전시켜 나가게 되었다. 책이 가져온 효용의 증가는 인류 수명 대비 시간의 가치로 환산한다면 어마어마해지는데 이는 효용과 정보의 관점에서 본 인류의 의미 있는 최초의 첫 걸음이라고 볼 수 있다.

예를 들어, 어떤 사람이 특정 농작물을 기르는 방법에 대해서 평생을 연구하다가 죽었다고 할 때 또는 특정 가축을 기르는 방법에 대해서 기록한 책이 있다면 이로 인해 많은 이들이 오랜 시간을 들이지 않더라도 동일한 결과를 복제할 수 있게 했다. 이는 '해당 연구의 걸린 시간*이용자 수'만큼의 효용을 증가시키게 되는데 이는 인류에게 큰 변화를 가져왔으며 책을 통해서 세대를 뛰어넘는 지식을 전달하게 되었으나 대체로 가족 간, 세대 간의 전달이 주 목적이 되었다.

두 번째 효용 혁명

책의 발견으로 지식이 저장되고 전달되게 되었는데 이렇게 보존된 지식은 철저하게 가족들을 위해서만 사용되도록 제한되고 통제되었다. 하지만 가족 간이 아닌 제3자에게까지 지식을 전파하게 된 효용의 혁명이 있었는데 이는 바로 도서관의 발전이었고 이는 혈연을 중심으로 한 씨족사회에서 중앙집권사회로의 전환을 가져왔다. 도서관의 발전은 씨족을 중심으로 한 호족들의 지식을 강력한 왕권을 기반으로 통합시키는 결과를 가져왔는데 이는 지금까지 가족 간을 통해서만 내려온 다양한 분야의 가문의 지식들을 융합시키는 결과를 가져왔다.

태초의 도서관으로 가장 도서관다운 도서관은 '알렉산드리아 도서관'이다. 물론 그 이전에도 다양한 형태의 신전과 도서관이 결합된 형태의 도서관이나 목욕탕과 도서관이 결합된 형태의 도서관이 있었던 것으로는 보이지만 대부분의 서적이 신을 위한 내용이거나 주제가 매우 한정적이었던 점을 볼 때 오늘날의 도서관과는 다소 거리가 있다. 다양한 정보의 접근성이나 효용의 발전을 가져왔다고 보여지는 도서관다운 도서관은 알렉산드리아 도서관이다.

알렉산드리아 도서관은 기원전 3세기에 알렉산더 대왕 이 이집트를 정복하고 이집트 북부에 쌓아 올린 도시 "알렉산드리아"에 있는 고대·중세 통틀어 최대의 도서관이다. 알렉산드리아 도서관은 프톨레마이오스 왕조의 프톨레마이오스 1세가 아들의 교육 목적으로 건축한 것으로 추정되는데, 수십만 권의 파피루스 제도 인증서가 저장되어 있었다고 한다. 파피루스 정보 기재 용량은 용지의 50분의 1로 알려져 있기 때문에 현대 환산하면 약 1500만 권의 용량의 책이 보관되어 있던 상당한 규모의 도서관이라고 볼 수 있는데 재미있는 점은 알렉산드리아 도서관은 최초로 국경에 상관없이 그 당시의 모든 분야의 서적들을 수집하여 세계의 지식들을 취합하였다고 한다.

고대 이집트 알렉산드리아 도서관
내부복원도(동아시아 제공)

1876년 알렉산드리아 도서관 소각
(Fine Art Images/Getty Images)

알렉산드리아 도서관은 알렉산드리아의 지정학적 위치와 번성한 프롤레마이오스 왕조의 지원을 받아서 제공되는 숙박과 급여의 제공이 뒷받침되어 수학, 천문학, 물리학, 자연과학 등 많은 과목에 대한 새로운 연구 결과들을 보유하는 전문 연구기관의 면모를 갖추게 된다.

이러한 학문적 토대 아래 알렉산더의 동서문화 융합 정책은 세계시민주의(Cosmopolitanism)와 개인주의(Individualism)를 주축으로 하는 헬레니즘 문화를 창조하게 되는데, 이는 헤브라이즘과 같이 유럽의 기저가 되는 문화의 하나가 되었고 그 진원지가 바로 알렉산드리아 도서관이었다고도 볼 수 있다. 이 시기에 최초로 파피루스가 대량생산이 시작되었고 알렉산드리아는 당시 인구가 50만 명이 되는 오늘날의 뉴욕과 같은 대도시로 번성하게 되었다. 주변국가들과 교역이 활발하게 진행되었으며 대규모 생산, 무역, 금융 등의 제도가 같이 발달하게 되었다.

당시 알렉산드리아 도서관은 프톨레마이오스의 왕령에 따라서 로도스와 아테네의 서적 박람회에 방문과 입항하는 모든 선박들의 책을 꺼내게 하여 그들의 모든 책을 복사하여 원문은 보관하고, 복사본을 그들의 주인에게 돌려주었다. 본토와 파로스섬을 잇는 항로와 동서간의 무역, 국제 무역의 중심지라는 알렉산드리아 시 고유의 특성과 당시 지도자였던 프톨에마이오스의 강력한 지원 아래 알렉산드리아 도서관의 서고는 나날이 풍요롭게 채워지게 된다.

도서관의 정보 전달이 가져오는 효용의 증가는 정보의 접근성의 측면이 크다. 기존에는 많은 사람들이 각각의 정보를 가진 정보 유저를 찾아서 그들이 혹시라도 모를 저장해 둔 내용들을 기록해서 남겼어야 했으나 도서관이 생김으로써 각 도서관에 인쇄본 또는 사본이 존재하게 됨으로써 매번 해당 분야의 서적을 가지고 있는 책 주인을 찾아다니지 않고도 해당 서적에서와 같은 동일한 정보를 얻을 수 있게 되었다.

또한 각 서적이 가족이나 씨족 중심으로 전달되는 경우라면 정보의 접근 자체가 불가능하게 되므로 몇 대를 내려오는 연구를 한 동일한 가문 중에서 그러한 지식을 일반에게 공개하는 경우에만 지식의 전달이 가능했다고 한다면 강력한 왕권을 바탕으로 정보가 도서관에 공유된 이전과 이후는 정보취득까지의 소요시간과 어려움의 정도가 매우 달랐을 것으로 생각된다.

효용의 측면에서의 정확한 측정에는 어려움이 있으나 개념적으로는 인쇄기의 발명 이전에는 각각 손으로 사본을 만들었으며 그 부수가 매우 적었기 때문에 다른 도시로 책을 찾아 다니는 것은 흔한 일이었고 책은 국가 간의 수출품이기도 했다. 실제 고려시대에 송나라로의 주요 수출품에는 금, 은, 동, 종이, 먹, 부채, 인삼과 함께 책이 주요 수출품에 자리잡고 있었다. 이처럼 책이 귀하던 시절에 각 서적을 찾거나 사용하는 가치를 지불하는 데 '걸리는 시간*이용자 수'만큼의 시간은 효용의 측면에서 효용의 증가를 가져왔다고 볼 수 있을 것이다.

이러한 지식 정보사회에서의 효용은 훗날 인쇄기술의 발전과 종이의 발견으로 어마어마하게 빠른 속도로 증가하게 되는데 파급효과 측면에서는 책의 발견보다는 종이와 인쇄기술의 발전이 보다 큰 역할을 했으며 귀족과 성직자들만이 가질 수 있었던 성경과 지식의 독점을 해방시킨 인쇄 기계가 더 큰 역할을 하였음은 자명한 사실이다. 하지만 컨셉적인 측면에서 자신의 지식 또는 특정 사실 등에 대해서 기록을 시작했고 그 기록한 정보들을 공유하면서 발전시켰다는 점에서 책과 도서관이 각각 중요한 효용 혁명의 시점으로 볼 수 있다. 그러나 사실 고대의 저장 매체는 저장할 수 있는 용량이 매우 적었고 고대 초기 주요 저장매체로 사용되던 파피루스, 점토판, 그리고 양피지 등에는 각각 다음과 같은 단점이 있어서 대량의 정보의 저장이 불가능했으며 파손 등의 위험이 있어서 전달 등도 용의치 않았다.

저장매체의 종류와 특징
- 파피루스 - 천박한 습기에 약한 재료가 나일강 유역에서 밖에 잡히지 않는다.
- 점토판 - 무겁다. 부피가 크다.
- 양피지 - 한 권의 책에 많은 양(15마리 정도)의 피부가 필요하다.

이후 종이가 발명되어 종이로 된 책이 만들어지게 되었는데 종이로 만들어진 책은 이전의 기록 매체에 비해서 경제성이나 편리성이 압도적으로 뛰어났다.

인터넷, 인공지능 그리고 효용

세 번째 정보 시대의 효용 혁명은 우리가 잘 아는 인터넷 혁명이 된다. 이는 지금까지 도서관으로 이동하는 시간은 물론 지식의 교환 그 이상의 역할을 수행한다. 지금까지의 지식의 전달이 한쪽에서 다른 한쪽으로 일방적인 전달만이 가능했다면 이제는 지식을 실시간으로 연결하여 전달하고 토론할 수 있게 하였으며 지식뿐 아닌 정보의 공유를 통해서 명령을 내리거나 조직의 업무까지도 시공간의 제약을 크게 줄여 버렸다. 또한 정보를 공유 전달하는 역할을 넘어서 물건을 교환하는 시장의 역할까지 수행하게 된다. 시장(Market) 역시 효용의 관점에서 보면 물물교환을 끝내고 화폐라는 개념을 도입하게 해 주는 큰 발견이었기 때문에 인터넷 혁명은 지식의 교환 및 재화서비스의 교환을 동시에 이뤄 낸 인류의 효용의 역사를 발전시킨 큰 발명이었다.

인터넷을 이용한 원격 근무는 회사와 사람 간의 이동거리를 줄여 주고 쌍방향 멀티미디어의 등장으로 실시간으로 일하고 배우고 사고 팔고를 진행할 수 있게 해 주었고 핸드폰과 태블릿 PC 등의 등장으로 시간과 장소에 제한 없이 정보 처리를 할 수 있게 되었다. 도서관과 책이 간접적인 효용의 증가도구라고 하고 기계 등과 같이 사용자의 정보 처리 등의 과정 없이 직접적인 효용 증가를 가져오는 도구를 직접적인 효용 도구라고 정의한다면 인터넷은 직접적인 효용과 간접적인 효용을 동시에 가져오는 도구로써 효용의 측면에서도 정보사회에서도 큰 변화를 가져오게 하였다.

각 산업 혁명 별로 가져온 효용을 생각해 보자. 앞에서 이야기했지만 산업 혁명이 가져온 효용의 증가는 괄목할 만한 것이었고 단기간에 높은 발전을 이루게 하였지만 이는 앞에서 이야기하던 지식혁명의 결과물이기도 했다. 증기를 이용해서 열에너지를 이동에너지로 바꾸는 혁명으로 열차를 비롯한 기계화의 시작을 가져온 것이 1차 산업 혁명으로 농토와 봉건제도가 무너졌고 2차 산업 혁명으로 전기에너지와 석유를 이용한 자동차로 만들어진 대량 생산 시대에 돌입했지만 2차 산업 혁명은 1차 산업 혁명의 고도화와 대량화라고 보는 것이 맞을 것이다. 따라서 엘빈토플러와 같은 미래 학자들은 2차 산업 혁명을 의미 있는 혁명으로 보지 않는다. 다만 1차 산업 혁명의 기계화를 고도화시켰던 혁명으로 본다.

　이후 인터넷을 통한 새로운 최초의 연결사회를 통한 지식 혁명과 산업의 효용을 동시에 가져온 것이 바로 3차 정보화 혁명이었다. 1차 산업 혁명이 가져온 산업화 기계화가 가져온 엄청난 변화는 모든 기계들이 절약시킨 사람들의 시간과 같으므로 그 규모는 엄청나다. 2차는 1차의 부산물이므로 별도로 평가하지 않겠지만 전기에너지로의 전환은 1차 산업 혁명을 고도화시키고 대량생산을 가능하게 했다는 점에서 의미 있는 발견이었음을 부정하지는 않겠다. 3차의 연결사회의 시작은 사실 우리가 지금 말하는 4차 산업 혁명에 범주에 들어가는 대부분의 시작이었다. 사물 인터넷 IoT로 외부에서 집의 전기를 관리하고 아마존 알렉사로 커피를 내리게 하는 등의 작업들은 사실 3차 산업 혁명의 연장선상의 고도화와 동일하다. 따라서 앞의 세계의 산업 혁명이 정보의 다양성을 가져오고 정보의 출처를 다양화해서 종합적인 정보를 만들어 오는 것이었다고 한다면 우리가 이야기하는 4차 산업 혁명은 정보를 활용하는 방식의 변경과 정보를 활용해서 실생활에 접목시키는 방식의 발전을 가져올 것이므로 이 역시 2차 산업 혁명의 전기나 대량생산을 기계화를 가져온 1차 산업 혁명의 연장선상으로 보는 것과 같이 4차 산업 혁명 역시 인류의 시간을 직접적으로 발전시킨 것은 아니었으며 기존의 3차 산업 혁명을 보다 안정적으로 발전시켜 나간 측면이 크므로 혁명이라고까지 볼 수 있을까 하는 의문은 남는다.

저금리와 저효용의 시대

제로금리의 나라 일본

일본의 제로금리가 의미하는 바는 무엇인가? 우리가 보통 은행에 돈을 맡기면 이자가 붙는데 이자가 없는 것이 제로금리이고 이자가 마이너스인 상황을 마이너스 금리라고 한다. 다만 이는 우리들의 이자에 대한 내용이 아니라 은행 간의 거래에 따르는 금리를 특히 화폐를 담당하는 중앙은행과 우리가 이용하는 시중은행 간의 금리에 대한 이야기이다.

제로 금리 정책이란 중앙 은행이 통화시장에 자금을 대량으로 공급하여 무담보 콜(Overnight Rate) 금리를 거의 제로에 가깝게 유지하는 금융정책이다. 금융기관이 단기 자금을 필요로 할 때 은행 간 대차 통화 시장을 이용하는데, 무담보 콜 오버나이트 금리가 무담보 상환의 단기 자금을 대차하는 것이다. 일본에서 처음으로 제로금리가 도입된 것은 1999년 2월이었고 이후 제로금리 복귀와 해제를 반복하다 2016

년 1월부터 지금까지 마이너스 금리를 유지하고 있다. 장기 불황에 빠진 일본이 경제회복을 위한 기폭제로 시작된 정책이 마이너스 금리였고 금융기관이 일본 은행이 돈을 맡겨도 이자가 아니라 벌금(0.1% 마이너스 금리)을 받게 되어서 기업대출을 늘릴 것이라는 기대가 있었다. 그리고 그로 인한 '기업에 대한 대출의 증가 (기업 대출의 증가) ⇒ (설비) 투자 활동의 증가 ⇒ 경제 활성화 ⇒ 기업 이익 증가 ⇒ 노동자의 월급 증가 ⇒ 개인 소비 증가'라는 흐름을 만들고, 물가 상승을 실현하는 것이라는 도입 취지를 가지고 있었다.

전 세계의 제로금리 여정

主要国政策金利の推移 (2006年3月~2016年3月)
(出所 : 各国中銀)

일본의 제로금리의 여정

1999년 2월에 도입

2000년(헤세이 12) 8월에 해제

2001년 3월 19일 사실상 제로 금리 복귀

2006년 7월 14일 제로 금리 정책을 해제

2016년 1월 29일부터 마이너스 금리 시작

현재까지 마이너스 금리 유지

또한 금리를 낮추면 갈 곳을 잃은(예금해도 의미가 없기 때문에) 돈이 주식 시장이나 해외 증권·환율 시장으로 향하는 때문에, 보통으로 생각하면 엔화 약세·주가 상승을 일으키는데 이것도 현재 아베 노믹스를 지지하는 데 있어서 매우 중요한 개념이다. 그러니 이것은 일본만의 이야기가 아니다. 유럽 ECB를 비롯한 많은 국가들이 제로금리의 시대를 열었다.

시간의 가치가 0인 사회

효용의 관점에서 본다면 이는 시간의 가치가 0인 사회이다. 이미 고인이 되어 버린 제로 금리 도입 당시 일본은행 총재였던 하야시 마사루(速水 優)총리는 "제로금리라고 하는 비정상적인 금리가 지속된다면 일본 경제의 활력을 말살시켜 버릴 것이다."라고 걱정했다고 한다.

교과서에 따르면 저금리가 시작되면 통화는 약해지고 인플레이션 압력을 받으며 경제는 성장한다고 나와 있다. 하지만 이미 저금리로 인한 내성이 커질 만큼 커진 일본 경제는 이미 아무런 효과를 나타내지 못하고 있다. 많은 사람들은 케인즈가 말하는 '유동성의 함정'에 빠

효용의 시대가 온다

져 확장적 통화정책이 기대하는 이자율의 하락이 일어나기 어렵고 이자율 의존적인 투자의 증가도 기대할 수 없다고 이야기한다. 따라서 이런 경우에는 재정정책을 써야 한다고 이야기하는데 정말 정부의 재정정책은 효용의 증가를 가져올 것인가? 다음 장에서 보다 자세하게 다루겠지만 정부의 재정정책은 많은 경우 효용을 떨어뜨려 국가를 어렵게 한다.

또한 초저금리 시대의 무서운 점은 국가라고 하는 큰 엔진이 서서히 멈춰지는 것이다. 길이가 매우 긴 레일 위에서 많은 경제주체들이 움직이고 있는데 그 레일이 움직이는 속도가 느려지는 것이다. 따라서 이러한 경제가 정체되는 시기가 오면 부의 편중은 더욱 심해지고 부자들은 더더욱 부자가 가난한 사람들은 더더욱 부자가 되기 어려운 시대가 오는 것이다. 또한 젊은 사람들은 성장이 멈춰진 국가에 있으므로 노동으로 부를 이뤄 내기가 어려워지고 기존에 부를 가지게 된 사람들은 자신의 부의 가치가 상대적으로 커지게 되거나 더더욱 쉽게 부를 이룰 수 있게 된다. 1% 이하의 초 저금리에 빠지면 블랙홀과 같이 자산의 증식이 거의 멈춰 버린다. 지금까지 자산을 많이 일구어 두어 앞서가던 사람들은 본인들보다 훨씬 뛰어난 젊은 세대들이 와도 자산의 증식이 멈춰져서 있기 때문에 뒤처질 일이 없고 젊은 세대들은 자산의 증식이 불가능해지는 시대가 바로 저금리 세대이다.

금리의 무서움을 잘 알겠지만 복리에 있다. 금리가 10% 시대의 1억 원은 25년 뒤에 100억 원이 되지만 금리가 1% 시대의 1억 원은 25년이 지나도 1억 2천 원밖에 되지 않는다. 주식이나 상품에 투자를 해 본 사람이라면 시장수익율보다 훨씬 높은 수익을 얻는 게 얼마나 어려운 일인지 알 것이다. 시장수익률의 기준이 되는 무위험 수익률이 1%대의 세상에서 기존의 자산을 가진 사람을 이겨 내는 수익은 불가능하다.

금리가 10% 시대의 1억 원은
25년 뒤에 100억 원이 되지만
금리가 1% 시대의 1억 원은
25년이 지나도 1억 2천 원밖에 되지 않는다.

많은 기성세대들은 이야기한다. 노력하면 된다고, 노력하면 모든 것이 잘 이뤄진다고. 하지만 그들이 금리라는 방어막을 통해서 자신의 자산을 너무나도 잘 지켜 왔기 때문에 다음 세대는 자산 증식이 불가능해진 것이기 때문이다. 하지만 어떤 이들은 젊은 세대가 불행할지는 모르겠지만 기성세대들이 행복해지는 것이므로 크게 문제가 되지 않는 것이 아닌가? 기성 세대의 희생을 일방적으로 강요한다고 불만을 토로하기도 한다. 하지만 이 상황을 세대 간의 갈등만으로 보기에는 어려움이 있다.

불황과 저금리 시대가 시작되면서 일어난 사회현상 중 하나가 기업가 정신의 쇠퇴와 리츠의 활성화이다. 저성장 시대에 들어가면서 기업들의 실적이 떨어지자 효용을 창조하거나 리스크가 있는 투자를 통해서 변화와 혁신보다는 저금리시대를 이용한 부동산 투자가 활성화되고 그 대표적인 예 중 하나가 리츠일 것이다. 큰 자본을 가진 사람들,

즉 고도성장기를 통해서 자본을 축적한 사람들이 나이가 많아지면서 안정적인 수입을 추구하다 보니 사회가 정체되어 가는 것이다. 우리는 이러한 상황을 일본의 과거에서 찾아볼 수 있다.

화려했던 일본

1980년대 후반부터 1990년대 초반까지의 일본은 호황기의 절정을 맛보고 있었다. 원숭이가 워크맨으로 음악을 듣는 광고로 유명해진 SONY의 워크맨이라는 제품이 선풍적인 인기를 끌었고 당시의 일본에서는 '재테크'라는 말이 크게 유행하며 버블이 시작되는 시기이기도 했다. 당시의 미국은 계속되는 제조업의 침체와 금융과 IT산업에서도 괄목할 만한 성과를 이루어 내지 못하며 일본에 대한 무역수지 적자폭이 점점 확대되는 시기이기도 했다.

1980년대의 일본은 프라자 합의 전인 1986년까지 강력한 수출의 증가와 내수시장의 확대로 경제가 빠른 속도로 발전하게 되었고 당시를 일본에서는 황금의 시대라고도 말한다.

실제로 일본이 과거 1986년 한해 수출로 인한 GDP의 순증가분은 100조 원에 달했으며 앞서 이야기한 대로 복리의 마술에 따라서 인플레이션 등을 무시한 단순 복리계산(GDP 평균성장률 사용)으로도 20년 전의 100조 원은 현재가치로 계산한다면 515조 원 이상의 가치에 달한다. 그 이후도 계속 일본은 100조 원 이상의 무역수지 흑자를 많을 때는 200조 원에 가까운 이익을 수출에서 얻게 되는데 이는 30여 년 간으로 생각해 보면 단순하게 계산하여도 몇천조 원에 가까운 수익을 해외 수출로만 벌어들인 것이 된다.

처음 발매된 소니 워크맨 TPS-L2   선풍적인 인기를 끌었던 SONY 워크맨 광고

　여기에 무역수지에 들어가지 않는 해외법인의 설립과 해외 직접투자 등을 통해서 벌어들인 수익과 세금 등의 문제로 유보되어 있는 해외의 유보 이익 등을 포함하면 어마어마한 금액을 벌어들인 셈이다.

　이 시기의 세계 50위 기업 순위를 보면 이 중 33개가 일본 기업이고 더구나 20위 위로는 일본 기업이 자그마치 16개에 달했으며 전 세계 시가총액 1위 기업이었던 일본의 통신회사 NTT의 시가총액은 2위인 IBM의 3배가 넘었다. 이때 한국의 국내총생산은 2023억 달러로, NTT 시가총액의 70% 수준에 불과했는데 한국의 전체 국내총생산이 NTT 한 개의 회사에도 미치지 못했다는 사실은 지금 생각해도 꽤 충격이다. 당시 일본의 GDP는 중국 한국을 포함한 모든 아시아 전체 GDP보다 컸으며 많은 미국인들은 일본의 경제성장에 대해서 두려워하기 시작했다. 1986년 당시 미국인들의 일본에 대한 두려움을 나타낸 자료들이 많이 있었으나 그중에서 Daniel Burstein 이 쓴《Yen! Japan's New Financial Empire and its Threat to America—엔, 일본의 금융제국과 그에 따른 미국에 대한 위협》에서는 아래와 같이 저술하고 있다.

1. 세계의 10개의 가장 큰 은행은 전부 일본계 은행이다.
2. 노무라 증권은 당시의 메릴린치보다 20배 이상 컸다.
3. NTT 닛뽄텔레콤 주식회사의 가치는 IBM, GM, AT&T GE를 합친 것보다 많았다.
4. 워싱턴(미국 정계)의 일본계 자금에 대한 의존도가 높아져서 보다 많은 정책자금이 일본에 의해서 조달될 것이다.
5. 최소 백만 명 이상의 미국인들이 1990년에는 일본계 미국회사에서 근무하게 될 것이다.

이와 같이 당시의 많은 서적에서 미국 내의 일본에 대한 경계론이 심각하게 부각되었으며 실제 미국의 상원에서 이례적으로 특정국가에 대한 언급 일본에 대한 구체적인 언급이 여러 번 이루어졌던 시기이기도 하다.

이후 1985년 플라자합의가 체결되면서 일본의 경기가 갑작스럽게 침체 위기에 빠지자 경기부양을 위해서 대출규제완화와 금리 인하를 단행하게 된다. 따라서 많은 기업과 개인 투자자들은 부동산 투자를 통한 수익이 기존의 사업에서 주는 소득보다 훨씬 높은 금액을 안정적으로 벌 수 있게 되었다. 이 당시 상황을 알 수 있는 몇 가지 단편적인 사례를 보도록 하자.

1) 채용 인구가 항상 모자라서 구인/구직 비율이 1.4 정도(신규 구인 비율은 1.9)까지 올라갔다. 당시 1960년대생들에게는 취직은 누구나 일하고 싶은 곳에서 일할 수 있는 시대였다.

2) 20대 연봉 1억 원이 흔한 시대, 구인 구직이 높다 보니 20대에도 소득 자체가 1억 원이 넘은 사람이 넘쳐났고 페라리 등의 고가 자동차도 길거리에 넘쳐났다.

3) 버블기의 의외의 1억 연봉 직종으로 택시 운전사, 트럭운전이나 자동차 정비소, 부동산중계사 같은 곳에서도 1년 차 1억 원 연봉은 흔했다고 한다.

4) 택시는 2배 또는 4배를 부르는 것은 기본이었고 금요일 밤 긴자(銀座)같은 곳에서 중요한 시간에는 기본요금이 100만 원을 넘는 경우도 있었다고 한다.

5) 채용 시 면접비를 30만 원씩 줬는데 실제로 면접비로 몇천만 원을 받은 사람까지 나타났다고 한다.

효용의 시대가 온다

6) 전 세계 억만장자 중 70%가 일본인이었으며, 세계 1등 갑부가 1995년 빌게이츠한테 자리를 빼앗기기 전까지 세이부 창업자의 아들 츠츠미 요시아키와 모리빌딩의 창업자 모리 타이키치로였다.

7) 당시 알바 인생(일본어로 '프리타')은 낭만의 대명사였다고 한다. 취직을 못 하는 사람이 없었기 때문에 필요할 때 가끔 일하면서도 자신의 삶을 즐길 줄 아는 사람으로 여겨졌다고 한다.

전 세계 부자 순위(연도별)

년	이름	자산	국적
1987 년	쯔쯔미 요시아키	200 억 달러	일본
1988 년	쯔쯔미 요시아키	189 억 달러	일본
1989 년	쯔쯔미 요시아키	150 억 달러	일본
1990 년	쯔쯔미 요시아키	160 억 달러	일본
1991 년	모리 타이키치로	150 억 달러	일본
1992 년	모리 타이키치로	130 억 달러	일본
1993 년	쯔쯔미 요시아키	90 억 달러	일본
1994 년	쯔쯔미 요시아키	85 억 달러	일본
1995 년	빌게이츠	129 억 달러	미국

지금으로는 상상하기 어려운 느낌의 세상이지 않은가? 필자 자신도 직접 경험하지 못했지만 당시의 상황에 대해서 필자가 일본에서 근무할 때 10년, 20년 정도 위 세대의 지인들을 통해서 들은 느낌으로는 거의 천국에 가까운 느낌이었다. 일자리도 넘쳐나고 사람들은 희망에 가득 찬 사회였다.

효용의 측면에서는 어땠을까? 당시의 일반인들에게는 50만 원이 드는 홋카이도 가서 삿뽀로 라면 먹고 오기가 유행하고 일본 미쯔이 부동산에서는 파리 개선문 근처 빌딩을 확인도 하지 않고 매입했는데 나중에 그 빌딩이 문화유산이어서 임대빌딩으로 개조하지 못하는 빌딩이어서 큰 손해를 보고 팔게 된다.

당시 일본 기업들은 넘쳐나는 자본으로 다양한 투자를 했지만 많은 실패를 하게 되는데 이를 반영하듯 주가 PER(주식의 가치대비 수익)은 보통 60배에 다다랐고 이는 세계에서 가장 높은 수준이었다. 또한 기업의 자본 단위당 얼마만큼의 수익을 가져오는지를 나타내는 ROE(기업의 자본 대비 수익)의 경우 역시 세계에서 가장 낮았다.

버블의 붕괴

버블을 다룬 많은 책들이 있지만 그중에서도 필자가 재미있게 본 책은 리차드 구의《Two Waves threatening Japan's Economy: 2개의 물결》이다. 리차드 구는 그의 저서에서 대차대조표식 위기는 보통은 다음의 단계를 거쳐서 진행된다고 말했다.

1. 많은 사람들이 버블을 경험하고 "틀림없이 고수익을 낼 수 있다."라고 믿고 돈을 빌려서까지 투자를 함.
2. 버블이 붕괴되어 자산가치가 전폭락함.
3. 자산가치가 폭락해도 부채는 자산가치와 연동되지 않으므로 거액의 부채를 안게 됨.

4. 폭락한 자산에 수익이 나지 않으면서 부채를 감당하
지 못하고 파산하게 된다.

이는 한국의 경우에는 IMF 위기 아시아 금융위기에서 많은 기업이
부도하게 되면서 자산가치의 폭락으로 이어졌다. 사실 이 과정에서 많
은 은행들이 파산하는 기업들의 대손충당금의 처리로 인해서 대차대
조표가 급격하게 악화되었고 자기자본비율이 급격하게 하락하였고
파산에 이르렀다.

사실 한국의 버블과 일본의 버블은 어느 정도 유사한 부분이 있다.
일본만큼은 아니었을지 몰라도 IMF 외환위기 발생 이전은 '단군 이래
최대 호황'이라고 불렸던 시절로 고도성장으로 일자리가 넘쳐 나는 시
절이었다. 대학만 졸업하면 기업에서 모셔 갔던 시절이었고 누구나 열
심히 하면 성공할 수 있다는 희망이 있던 시절이었던 최초로 대한민국
국민의 90%가 자신을 중산층으로 생각했었으며 지니 계수가 가장 낮
았던 시기였다. 동시에 고성장과 물가안정으로 서민들이 가장 살기 좋
았다고 말하던 시절이었다. 그 과정에서 기업의 과잉투자가 생겨나고
OCED의 가입과 해외여행 자율화가 시작되면서 급격하게 늘어나던
외채의 무게를 견뎌 낼 체력을 빠르게 잃어 갔다. 거기에다 종금사들
의 무리한 해외 IB 따라하기 식의 투자로 동남아시아의 경제의 몰락과
함께 IMF 외환 위기를 맞게 된다. 당시 동남아시아 경제는 일본의 버
블 경기와 맞물려서 급격하게 성장하고 있었기 때문에 누구도 의심하
지 않았던 투자이기도 했다. 이후는 우리가 잘 아는 것과 같이 많은 기

업이 도산하고 정말 어려운 시기가 시작되었다. 하지만 아이슬란드나 한국 등 버블을 경험한 많은 나라들과는 달리 일본의 경우는 위의 4번의 과정을 거치지 않았다. 일부 은행들이 부실로 인해서 재편되고 합병이 이어지게 되었지만 한국에서처럼 기업들의 도산이 급격하게 늘지는 않았다.

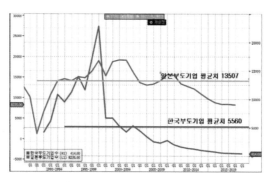

동경상공리서치, 한국은행, Bloomberg 자료

위의 그림에서 보듯이 한국의 부도기업 수는 버블의 붕괴와 함께 급격하게 증가하여 평균 부도기업수의 5천 건에서 5배에 가까운 증가를 보였지만 일본의 경우는 버블의 붕괴 시기와 크게 관계없이 급격한 변화를 보이지 않는다. 일본의 상업용 부동산의 가치가 10분의 1로 떨어졌음에도 많은 일본의 기업들은 지금까지 유지하고 있던 현금창출능력을 통해서 조금씩 갚아가거나 해외의 자산 등을 처분해서 기업을 유지하게 되었고 이는 기나긴 불황의 시작이었는지도 모른다.

효용의 시대가 온다

저효용의 나라 일본

잠자는 일본의 화폐와 떨어지는 일본 경제

최근 저효용으로 인해서 국가의 경제가 천천히 무너지게 되는 예로서 《세계가 일본된다》(저자:홍성국)에서 언급된 것과 같이 저성장의 대표적인 국가로 일본보다 좋은 예가 없고 필자가 10여 년이 넘는 일본 생활을 통해서 잘 아는 국가이므로 조금 자세하게 들어가 살펴보려고 한다. 세계 경제에 조금이라도 관심이 있는 사람들은 일본의 재정 부채가 큰 문제라는 점을 알고 있을 것이다. 많은 사람들이 지적한 바와 같이 일본의 재정 상황은 심각하다. 아베 총리가 아무리 "일본 경제는 순조롭게 추이하고 고용도 안정되어 있다."라고 말해도 일본의 재정 적자는 GDP 대비 200% 이상이고, 현 재정 상태를 준 국가 파탄 수준이라고 말하는 전문가들도 있다. 일본 은행이 발행하는 10년 만기 국채 금리가 0.018%라는 것은 그만큼 일본 구매자가 없다는 반증일 것이다.

그래서인지 이 곳의 일본인 자산가 사이에서 개인 금고시장의 큰 성장은 아이러니하다. 실제 동일본 대지진 당시 츠나미로 떠내려온 금고의 숫자 역시 어마어마했다고 한다. 더 재미있는 사실은 하기의 기사에서 보듯이,

각 개인금고에서 발견된 금액이 800억 원에 달하며 우측 상단에 기사에서 보듯이 각 개개인들의 현금저축액평균이 약 2억 원(1820만 엔)에 달한다는 총무성 조사 결과도 있다.

이와 같이 많은 자산들이 실제로 효용을 창출하지 못하고 있는 일본의 국가 경쟁력의 저하는 어쩌면 당연한 일인지도 모른다. 이와 같은 불효용은 일본의 국가 경쟁력 저하로 이어졌는데 IMD(국제 경영 개발원)의 "국제 경쟁력 순위"에 따르면 일본은 1989년부터 1992년까지 세계 1위였다. 그러나 2015년의 시점에서, 일본은 27위, 이제 30위에 못 미친다. 마찬가지로 일본의 비즈니스 환경도 후퇴하고 있으며, 세계 은행의 "기업 환경 순위" 2016년 판에서는 일본은 34위

By DAVID GARDNER FOR MAILONLINE
UPDATED: 18:54 GMT, 17 August 2011

Share   💬8
View comments

Japanese citizens have shown incredible honesty in the aftermath of the earthquake and tsunami that brought the country to its knees.

It emerged yesterday that the Japanese returned almost $78million in cash found in the quake rubble.

In the five months since the disaster struck, people have turned in wallets and purses found in the debris, containing nearly $78 million in cash.

금고에서 발견된 금액이 800억 원에 달한다는 기사

【1820万円】総務省が発表した「日本人の世帯平均貯金額」に衝撃が走る / ネットの声「そんなに貯めてるのか」「俺は2万円」など

2017年5月18日、総務省が発表した「家計調査報告」に掲載されている。なんと2016年、2人以上の世帯における1世帯当たりの平均貯蓄残高は「1820万円」だというのだ。……ってマジかよ！

일본 개인의 평균 현금 저축액이 1820만 엔, 약 2억 원에 달한다는 2017년 총무성 조사 결과

까지 후퇴하게 되었다.

아베 정권은 아베노믹스를 통해서 국가를 재건하고 "2020년까지 선진국 3위 이내에 컴백"을 목표로 내걸기는 했지만 언과기실(言過其實 말만 요란하고 행동엔 미치지 못한다)로 끝날 것으로 보인다.

아베노믹스와 현대 MMT 이론

필자가 일본에 있을 때 많은 사람들이 아베노믹스의 성공을 이야기할 때 케인즈 식 경기부양책과 경제이론을 아시아에 최초로 적용시킨 타카하시 코레키오의 이야기를 했었다. 아시아의 금융 선진국답게 일본은 1870년도부터 런던에서 외채를 발행했고 그 자금으로 러일전쟁 자금을 준비했으며 중앙은행이 화폐를 발행해서 직접 국채를 매수하는 방식을 도입했었다.

일반적으로 이러한 통화량의 증가는 물가를 상승시킨다. 하지만 케인지안들은 화폐량의 증가는 총수요의 증가로 이어지므로 수요의 증가로 인한 생산이 같이 증가해서 아무런 문제가 없다고 이야기한다. 실제로 일본의 대지진이 일어났을 때 엔화의 급격한 상승은 일본이 오랜 경제 성장 기간 동안에 이루어 둔 해외의 자산 등을 매각해서 엔화의 수요가 급증해서인데 이는 한국의 IMF 구제 금융시의 한국원화의 환율을 비교해 본다면 차이가 더욱 극명하게 드러난다.

조금 더 간단하게 말하자면 주요 결제 통화 또는 메이져 통화가 아닌 국가들의 경우는 석유를 비롯한 주요 상품의 결제 통화가 아니므로 항상 외화 조달에 어려움이 있을 수 있고 이러한 외화 조달의 어려움이 나타나는 경우 외화표시부채의 위기가 발생하지만 일본이나 영국과 같이 메이져 통화의 경우 적은 금액으로 스왑 등을 통해서 얼마든지 외화를 조달할 수 있기 때문에 전혀 문제가 되지 않는다라는 것이다. 실제로 일본의 GDP 대비 정부부채가 급격하게 증가하는 동안 일반적인 국가나 기업의 경우는 부채의 증가는 재무건전성을 떨어뜨려 금리가 올라야 하지만 일본의 국고채 금리는 2007년 1.51%에서 지금 0.018%까지 떨어졌다. 금리가 위험도를 반영한다고 하는 교과서적 지식에 반하는 상황이지만 이는 중앙은행이 국채를 적극적으로 매수하고 있기 때문이다. 일본의 장기불황 그리고 리만 사태 이후의 미국 등의 경우를 보면 정부의 인위적인 통화 팽창 정책에도 인플레이션은 일어나지 않으며 통화주권(세계 주요 통화 발행가능국가)이 있는 국가의 경우 정부는 파산하지 않는다는 현대 MMT이론의 입증이 되고 있다는 것이다.

노벨경제학상 수상자이자 이전 미국 연방준비은행 총재였던 폴 크르구만에 따르면 GDP 대비 부채비율에 대해서 다음과 같은 부채 역학 방정식을 통해서 설명했다.

$$\text{GDP 대비 부채비율} = -b + (r-g)D[4]$$

---

4   b(GDP 대비 기초재정 비율), r(금리), g(성장률).

결국 성장률 이상의 금리, 즉 마이너스 금리 상황이라면 0%의 경제 성장에도 GDP 대비 부채비율은 문제가 없다는 것을 의미한다. 사람들이 현대 MMT이론을 악마의 이론으로 생각한다. 하지만 MMT이론에는 낮은 경제 성장율과 저금리라고 하는 원인과 그의 대한 결과로 나타난 금고 속에서 잠들어 있는 어마어마한 화폐가 있기 때문은 아닐까? 낮은 경제 성장과 낮은 투자수익이 이어지는 상황에서 투자는 쉽지 않게 되며 아무리 화폐를 찍어도 국내에서 돌지 않고 해외투자 등으로 화폐가 해외로 나가 버린다면 국내의 통화는 계속 부족하게 될 것이다.

우리가 아는 바와 같이 일본은 현금 결제 비율이 매우 높은 나라이고 개인금고에 돈을 넣어 두는 경우도 많다. 따라서 개인 금고가 일상화되지 않고 주요 통화가 아니어서 외채 조달이 쉽지 않은 많은 유럽의 국가들이나 한국이 무작정 현대 MMT 이론을 벤치마크해서 화폐를 찍을 수 있는 상황이 아닐 수 있다는 점이다.

한국에서 돈을 많이 찍으면 즉각적인 통화량 증가로 이어질 수 있고

통화량 증가는 급격한 원화 유출 달러 상승으로 이어져 또 다른 외환 위기를 가져올 수 있기 때문이다. 실제 한국 거주자 기준 개인 달러화 예금은 오랜 기간 200억 달러 수준에 머물렀으나 2016년 10월 이후부터 급격하게 상승해서 최근 3년 사이에 700억 달러 수준에 이르렀다. 기업의 달러와 예금도 300억 달러 수준에서 500억 달러 수준까지 상승했다.

일본의 비효용(항공)

일본에서 저효용을 뽑는다면 우선 교통시스템을 들 수 있다. 우선 일본의 항공 교통부터 보자면 일본의 항공 교통의 비용은 많은 국가의 국내선처럼 저렴하지 않다. 이는 일본 항공사들이 해외 상황과 관련 없이 안정적인 수익을 가져오는 캐시카우 역할을 오랜 기간 해 주었지만 동일한 이동 거리를 이용하는데 비용이 너무 비싸다 보니 많은 일본의 여행자들은 같은 비용으로 국내 여행보다는 해외 여행을 선호하는 현상이 오랜 기간 이어져 왔다.

필자의 경험에 따르면 동경에서 오키나와의 항공권의 경우 일반적으로 40만 원(3만 5천 엔)에서 75만 원(6만 엔) 정도의 비용이 소요되는데 이는 서울에서 제주도까지의 평균 비용인 7~14만 원에 비하면 4배 이상의 가격이 된다. 항공사가 제공하는 공식요금기준으로는 동경에서 오키나와 이시가키섬까지는 약 6만 6천 엔, 동경에서 나하까지는 4만 6

천 엔 정도이므로 평균 5만 6천 엔, 약 60만 원 정도라고 볼 수 있다.

동경에서 나하공항까지 요금

羽田空港発着		
運賃の種類	JAL	ANA
普通運賃	46,090円	46,090円

동경에서 오키나와 이시가키공항까지 요금

運賃の種類	JAL	ANA
普通運賃	66,690円	66,690円

동경에서 오키나와 이시가키공항까지 요금

구간	일반석		
	할인	기본	성수기
서울/김포 - 제주	88,200	101,200	113,200

이를 대한항공 공식 홈페이지 기준 가격으로 보면 성수기 기준으로 해도 11만 원으로 거의 5배의 금액이 된다. 거리가 다르므로 단순 비교가 어렵다고 이야기하는 사람들도 많아서 동일한 거리당 가격을 표로 정리해서 비교하는 항공분야에서 사용되는 지표가 바로 CASM(Cost of Average Seat Per Mile)이라는 지표가 사용되는데 이 기준으로 보아도 일본은 압도적으로 높은 비용 구조를 가지고 있다. 특히 ANA는 CASK 기준 1ASM(평균좌석당마일)당 14불을 넘어가는 유일한 항공사이다.

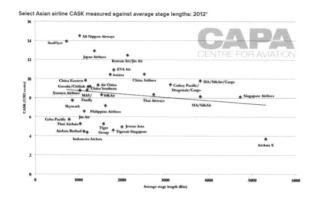

Select Asian airline CASK measured against average stage lengths: 2012'

일본의 비효용(철도)

　일본의 신칸센은 한때 고속철도의 대표주자처럼 이야기되었고 필자 역시 한국에 고속철도인 KTX가 없을 때 신칸센을 처음 타 보고 문화적인 충격을 받았을 정도로 선진 기술이었다. 하지만 20여 년이 지난 지금도 일본의 철도 기술을 그대로 머물러 있다. 일본의 철도가 발전하지 못하는 이유는 여러가지가 있겠지만 그중 첫 번째가 경쟁상대가 되는 유일한 운송수단인 항공요금이 매우 높기 때문에 높은 가격에도 가격 경쟁력이 유지되는 점이다. 동일 운송 수단인 철도 내에서는 독점적인 위치에 있기 때문에 일본의 철도회사는 가격을 낮춰야 할 이유를 찾기 어렵다. 그럴 가능성은 매우 낮겠지만 신칸센 철도 허가를 신규로 다른 업체에게 내준다고 하여도 일본 전역에 JR이 소유하고 있는 철도를 사용하지 않고 신규 노선을 낼 수 있는 자본비용을 감당할 수 있는 업체는 거의 없기 때문에 일본 JR이 가지는 독점은 상징적인

효용의 시대가 온다

의미가 크다. 특히 30여 년 전 민영화가 되었지만 독점이 유지된 상태에서 민영화가 진행된 JR은 설비투자 등에 오랜 기간 소극적일 수밖에 없었고 오랜 기간 높은 수익을 내는 황금알을 낳는 산업으로 분류되어 일본의 지하철이나 철도회사들이 유보이익을 큰 폭으로 증가했지만 아무런 설비 투자를 하지 않았고 신규 고용은 오히려 감소했다.

두 번째 비효용 요인으로는 지역간의 정치적인 판단이 우선시되기 때문이다. 한국의 KTX에서도 신경주 역과 같이 다양한 정치적인 이유가 작용한 역들이 존재하지만 일본의 경우 이러한 역들과 적자노선들이 너무 많다. 지방의 고령화로 이용자 수는 줄고 도시가 활성화되지 못하지만 경제적인 논리가 아닌 정치적인 이유로 내 지역구에 신칸센을 가져온다는 일념으로 뛰어다니는 정치인들이 존재하는 한 비효용은 계속 발생하고 발생한 비효용은 전 국민들에게 고스란히 부담으로 내려온다. 그 외로도 일본 특유의 높은 유지보수 비용문제 또는 철도 카르텔이라고 불리는 다양한 문제들이 있지만 위의 두 개의 문제가 일본 철도의 비효용을 불러오는 주요 원인이 되었으며 이는 사회 전반의 효용을 낮추는 큰 요인이 된다. 공공재로도 분류되는 철도에 높은 비용은 결국 공공재의 비경쟁성이라는 측면의 혜택은 받으면서 비배제성(非排除性)이라고 하는 측면이 무시되어 있기 때문에 가격변동에 비탄력적인 비싼 공공재가 가져오는 비효용은 그만큼 더 심각해진다.

일본의 비효용(자동차)

일본의 고속도로도 신칸센과 매우 유사하다. 고속도로를 만드는 데 들어간 천문학적인 비용은 기본적으로 고속도로 수입으로만 충당하도록 되어 있다. 일본은 2차 세계대전 이후 재해를 복구해 가는 과정에서 교통 인프라의 정비가 늦어지고 있을 때 4개의 도로공단 특수법인들을 설립했다. 이러한 도로공단의 역할은 관할하는 지역의 고속도로 건설과 관리이며 자본금은 100프로 국가의 지출이지만 도로 건설비, 관리비, 인건비는 고속도로 이용자들의 통행세로 충당하도록 되어 있다.

이후 일본의 코이즈미 정권이 들어오면서 이러한 도로공단의 민영화가 진행되었고 당시 일시적인 주말 전 구간 1,000엔 정책 시행으로 도로 요금이 대폭 수정되어 무료가 될 수도 있을 것이라는 기대와는 달리 10년이 지난 지금도 도로 요금은 거의 변하지 않았다.

각국의 유료도로 상황			
	총거리	고속도로에서 유료 구간의 비중	요금
프랑스	11,163 km	76%	7~13엔/km
이탈리아	6,661km	86%	7엔/km
스페인	15,621km	19%	15엔/km
포르투갈	2,737km	72%	9엔/km
한국	3,775km	89%	5엔/km
중국	65,055km	95%	4엔/km
일본	6,959km	100%	24.6엔/km
미국	89,394km	7%	8.1엔/km

출처 : 공익재단법인 고속도로조사회 [각국의 고속도로 정책개요판 2019년판] 과 2008년 도로공사공단 mlit.go.kr 발표자료

일본 도로공단이 발표한 자료에 따르면 일본의 고속도로 요금은 압

효용의 시대가 온다

도적인 세계 1위 수준이며 한국에 비해서 5배 미국에 비해서도 3배 이상의 요금 수준으로 한국에서 부산까지의 고속도로 비용이 경부고속도로 기준 16,900원인데 비해 7,220엔으로 약 8만 원의 비용이 든다. 장거리 구간이 아닌 경우는 어떨까? 한국의 남부순환로, 강변북로, 올림픽대로와 같이 일본에서 짧은 구간의 고속도로에는 요금이 부과되는데 이 금액 역시 한 번 타는 데 최소 기본요금이 700엔으로 8,500원에 달하는 비용이 들어간다.

또한 일본에서 자동차를 사용하는 데는 차검이라 불리는 일본의 천문학적인 자동차 보험료 및 검사료 그리고 반드시 제출해야 하는 차고지 비용 등이 있어 수도권에 거주하는 사람들에게 자동차는 전 세계에서 가장 저렴한 자동차 라인업을 가졌음에도 사치품의 성격을 지니게 된 지 오래다.

한 가지 재미있는 사실은 동경에서 철도를 이용하나 비행기를 이용하나 자동차를 이용하나 결국 이용료는 신기한 정도로 비슷한 수준에 귀결된다는 점이다. 일본에서 빠른 도착에 추가요금을 내야 한다는 사회적인 동의가 어느 정도 형성되어 있는 부분도 있어서 비슷한 편의성을 가진 운송수단의 경우 비슷한 요금체계를 설정하게 된 것일 것이다.

실제 일본의 대인운송수단의 경우 일본 교통관련통계 자료집에 따르면 다른 국가들에 비해서 자동차의 비율이 매우 낮은데 이는 각 개인이 자신의 공간, 즉 자동차를 가지고 편하게 이동하는데 그에 대한 요금이 부과된 결과일 것이다. 하지만 결국 이러한 비정상적인 고비용의 고속도로 요금과 자동차 유지비는 사회의 접점을 줄이게 되고 사람과 사람이 만나는 비용과 시간을 증가시켜 결국은 일본 사회 전체적인 효용을 떨어뜨리게 된다.

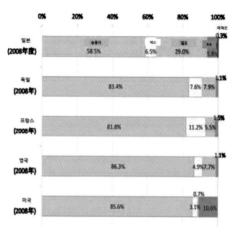

출처: 일본 교통통계자료집(www.milt.go.jp)

일본의 전기 및 통신요금

일본의 전기 통신 요금 역시 비효용의 대명사이다. 일본의 전기요금은 1kWh당 0.173달러로 한국의 0.072의 두 배에 가깝고 미국의 0.099에 1.7배에 달한다. 1973년 석유파동 이후 급격한 전력요금 인상은 일본의 산업 공동화를 가져왔다. 많은 공장은 전기요금이 저렴한 한국으로 이전하게 되었고 지금도 전기요금이 가져오는 산업공동화는 이미 무수한 논문이 발표될 정도의 주요 이슈 중 하나이다. 특히 동일본 대지진 이후의 동경 전력의 평균 14.9% 인상 이후 일본 화학산업의 대표주자인 토레이를 비롯한 많은 회사들이 해외로 공장 및 R&D 센터를 이전했다. 2014년 2월 7일 일본 산케이 비즈에 기고 〈석유 위기의 교훈: 산업의 공동화를 초래하는 높은 전기요금〉에 따르면, 일본 상공회의소가 동경 내의 1,000여 개의 회사에 조사한 결과 전기요금 인상은 직접적인 경상이익에 영향을 끼친다고 답변하였으며 8%는 공장 등의 기반시설을 해외로 이전했다고 한다.

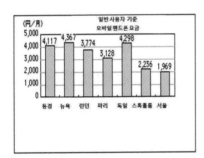 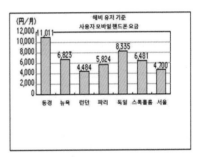

※ 我が国の携帯電話の利用実態を基に、一般ユーザーは1月当たり通話122分、メール290通（うち発信115通）、データ16,000パケットを利用した場合の各都市の料金を、ヘビーユーザーは1月当たり通話565分、メール865通（うち発信340通）、データ1,661,000パケットを利用した場合の各都市の料金を比較した

통신 요금 역시 마찬가지이다. 물론 환율(2020년 최근 평균 환율 기준)에 따라서 다소 달라지거나 사용하는 통신사별 요금 패키지에 따라서 다르겠지만 일반 사용자 기준 평균 핸드폰 요금이 서울이 약 월 22,643원(1,969엔) 헤비 유저 기준 54,050원(4,700엔)인데 반해 일본은

47,345원 또는 헤비 유저 기준 126,626원이나 된다.

　무조건적인 민영화를 통한 경쟁의 유도는 일본의 전기시장의 예처럼 효용을 증가시키지 못하며 미국의 원전사업이나 주파수 취득권 경매와 같이 규모에 비해 너무 많은 사업자가 들어가게되면 1인당 인건비 및 고정 마케팅 비용을 너무 높게 만들어서 오히려 비효용을 증가시키는 경우가 많다.

일본의 공공 서비스

　일본의 공공 서비스를 행하는 공공기관 중 일부는 독립행정법인이라 명하며 각 정부부처의 행정활동이나 정책의 일정 사업부문을 분리하여 담당하는 기관에 독립 법인의 지위를 부여하면서 업무를 분리하여 관리 감독하게 하였다. 일본의 행정개혁은 1996년부터 영국을 모델로 삼아서 2001년부터 본격적으로 시행하게 되는데 효율화라는 표어를 내세운 민영화와 민간 위탁 그리고 독립행정법인의 창설이었다. 일본의 독립행정법인은 100여 개가 넘으며 4조 엔에 달하는 정부 재정지출을 사용하고 있었는데 너무 높은 고비용이었던 탓에 10여 년 전 코이즈미 정권시절 많은 민영화를 이루어 냈다. 하지만 일본의 우정국 민영화에서 볼 수 있듯이 이는 많은 정부 기관의 낙하산과 담합과 비리로 얼룩졌으며 구청이나 보건소 등과 같이 필수 공공 서비스 역시 필자가 일본에서 근무하던 15년 전이나 지금도 아무런 변화가 없다.

일본에서 등기부 등본을 떼거나 주민등록 가
족관계증명서와 같은 서류를 교부 받으러 갈
때는 아직도 항상 인감 도장이 필요하고 우리
가 흔하게 볼 수 있는 전자 증명서 발급기 자
체가 없으며 인터넷 등으로 받을 수 있는 공
문서가 없다. 인터넷 발급 자체가 없고 대부
분 구가 인구 변화에 따른 창구 직원의 조정
이나 서류 등을 교부 받으러 오는 사람들에
대한 수요예측 등을 통한 적정 창구 직원 수
에 대한 고찰 없이 진행하다 보니 시간대에
따라서는 2~3시간을 기다리는 경우도 많다.

이러한 이유로 일본의 전자정부 랭킹은
OECD 중 최하위 레벨인 14위를 기록하고 있
으며 한국은 항상 최상위 레벨로 랭크되어 있
다.

2020	
1	덴마크
2	한국
3	에스토니아
4	핀란드
5	오스트레일리아
6	스웨덴
7	영국
8	뉴질랜드
9	미국
10	네덜란드
11	싱가폴
12	아이슬란드
13	노르웨이
14	일본
15	오스트리아
16	스위스
17	스페인
18	키프로스
19	프랑스
20	리투아니아

4부

고효용 사회로의 전환

효용과 정부
효용과 기업
효용과 개인

효용과 정부

무역분쟁과 효용
― 보호주의는 효용을 증가시키는가

《월스트리트 제국》을 쓴 경제 역사가 존 스틸 고든은 "대공황은 1929년 10월 29일 주가 대폭락이 아니라 이듬해인 30년 6월 17일 스무트-홀리법 제정 이후 시작됐다."라고 지적했다. 이는 지금까지 많은 학자들이 말해 왔던 대공황의 원인으로 지목되어 온 금본위제와 통화정책이 대공황의 직접적인 원인이 아니었다는 것을 의미한다. 스무트 홀리법 제정 이후 세계 경제는 블록화되었으며 유럽과 미국 영국의 3대 블록으로 나눠지게 되는데 이로 인해서 1929년 44억 달러였던 미국의 수입은 1933년 15억 달러로 66%나 감소했다.

수출도 54억 달러에서 21억 달러로 61% 줄었다. 같은 기간 동안 국내총생산(GDP)은 50%나 감소했다. 미국 정부의 통계에 따르면 1929년 13억 3400만 달러였던 유럽에서의 수입은 1932년 3억 9000만 달러로 주저앉았고, 유럽으로의 수출은 1929년 23억 4100만 달러에서 1932년 7억 8400만 달러로 줄어들었다. 1929년부터 1934년까지 세계 무역은 66%나 줄어들었다.

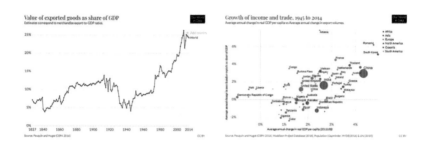

　실업률 역시 스무트-할리 관세법안이 의회에서 통과될 당시인 1930년 7.8%였던 실업률은 1931년 16.3%, 1932년 24.9%, 1933년 25.1%로 치솟았다. 이는 의외로 단순하다. 지금까지 2천만 원을 주고 자동차를 사던 사람에게 중국산 철강과 부품 등이 들어오지 않아서 5천만 원이 되었다라고 한다면 바로 구매결정을 할 수 있을까? 또는 미중무역분쟁의 여파로 모든 생필품이 50% 상승한다고 한다면 모든 사람들이 예전과 동일하게 구매의사결정을 할 수 있을까? 여기서 생각해 봐야 하는 것이 구매의 심리적인 저항선이 존재한다는 것이다. 자신이 생각하는 저항선보다 낮은 가격이라면 구매의사 결정이 보다 원활하게 이뤄지며 높다면 구매의사결정이 쉽게 이뤄질 수 없다.
　보다 심리적인 측면으로 들어가면 많은 사람들이 가격과 가치에 대한 자신들의 "적정가격"이 생성되기 전까지 구매결정을 쉽게 내리지 못하게 된다. 이는 마케팅에서 말하는 관습적 가격결정에 따른 심리적인 저항으로 시간이 지나서 새로운 가격에 익숙해지기까지 시간이 걸릴 수 있음을 의미한다. 반대로 가격이 급격하게 떨어진 경우에도 처음에는 반짝 매출이 오르다가 시간이 지나서 새로운 가격에 익숙해지면 매출이 떨어지는 것과 같은 이치이다. 예전에 한국에서 바나나 등의 수입 과일이 매우 비싸다가 금지가 풀어지고 모든 사람들이 너도나도 바나나를 사 먹었다. 하지만 어느 정도 시간이 흐른 뒤에는 매출 성장률은 정체되게 된다. 이 심리적인 구매 심리의 저항선은 상품의 종류나 사람들의 상황에 따라서 달라지게 되지만 무역 전쟁과 같은 복합적인 상품 가격의 인상이 전 품목에 인해서 광범위하게 이루어진다면 사람들이 가치관의 조정이 필요하게 되고 새로운 가치관에 따른 소비와 생산이 이루어지기 전까지 오랜 기간 경제가 둔화될 것이다.

금본위제로의 복귀로 우리는 행복해질 수 있을까

최근 세계적인 투자자 레이달리오는 "현금은 쓰레기"라는 과격한 표현을 통해서 금에 대한 투자에 대해서 긍정적인 의견을 계속 이야기하고 있고 많은 전문가들이 금에 대해서 또는 금본위제에 대한 언급이 계속 늘어나고 있다.

1816년 영국의 금본위제 채택 이후 급격하게 커진 영국이 있었고 이후 세계대전 등을 거치면서 힘의 균형이 미국으로 넘어오자 미국 역시 1879년 금본위제를 시행하였다. 이후 1971년 닉슨의 금태환 정지가 이뤄지기까지 금본위제는 100여 년이 넘는 시간 동안 중요한 역할을 수행해 왔다.

금본위제는 인류가 오랜 기간 경의를 표해 온 금이라는 재화에 대해서 가치를 인정받아 왔고 많은 종교 등에서도 금을 숭배하기까지 하였기에 다양한 경제 위기 상황에서는 금에 대한 수요가 급격하게 늘어나기 마련이다.

실제로 나폴레옹 전쟁 직전에 전비 조달을 위해서 금 태환을 중단시킨 영국은 전쟁에서 승리한 후 금 태환으로 복귀를 놓고 치열한 설전을 벌였는데 반대론자에는 앞에서 언급한 효용의 아버지 중 하나인 존 스튜어트 밀과 데이비드 리카도의 동등성 정리 등의 이론으로 금 태환은 바로 시행되지 못했다.

이처럼 금은 우리 얼마 전에 가상 화폐 전문회사에서 발표된 금과 가상 화폐(비트코인 등)을 비교한 가치 비교에도 편의성(Convenient)와 가치의 분해성(Divisible), 수량의 한정성(Limited Quantity) 등에서는 비트코인보다 낮은 점수를 받았지만 안정성과 모두에게 가치 인정되는 점 등 그 외의 모든 분야에서 더 높은 점수를 받았다.

오랜 기간 동안 금은 세계 경제 발전에 든든한 버팀목이 되어 주었고 안정적인 교환 가치를 가져다주었다. 아마도 그러한 이유로 더더욱 많은 사람들이 금본위제가 있던 시기의 경제의 안정성과 성장성을 주목하고 있는지도 모른다.

하지만 화폐는 교환이 많아지면 수량이 많아져야 한다. 세계화로 거래가 많아지면서 유통 화폐의 수요가 계속 늘어나는 상황에서 금이라고 하는 실물에 의존하는 화폐가 부족하게 되어서 생겨난 현상이 대불황이었다는 의견도 있을 정도로 화폐의 양은 중요하다. 실제로 영국의 금 태환이 성공한 이유에는 남미나 호주 미국 등에서 일어난 골드 러쉬 열풍으로 금이 계속적으로 공급되고 금의 총량은 꾸준하게 늘어났기 때문이다.

금본위제는 오랜 기간 금을 숭배했던 인류의 종교적인 산물 중 하나이다. 금본위제가 다시 시행되려면 우선 늘어나는 인구만큼 금의 양도 늘어나야 한다. 그렇지 않다면 인류는 화폐의 부족으로 어려움을 겪게 된다. 금의 가치를 높게 산정한다고 하더라도 인구가 늘어나는 속도만큼 금의 생산량이 늘어날 수는 없기에 금본위제로의 복귀는 언제나처럼 큰 불황을 가져올 수밖에 없다. 또한 금을 원하는 수요가 항상 늘어날 것이기 때문에 금을 가지고 있는 사람은 특별한 경우가 아니면 금을 계속 가지고 있으려고 할 것이며 금을 가지고 있음으로써 생기는 경제적인 가치의 증가는 많은 경우 무역 등을 통해서 생기는 가치를 넘어서게 되어 보호무역을 강화시킬 수도 있고 이는 사회 전체의 효용 감소로 이어질 것이다.

블룸버그에 따르면 전 세계의 금 수요는 2019년 기준 4,826톤으로

이 중 절반 정도가 장신구 제작에 사용되고
있고 중앙은행 순매입과 골드바 등의 수요
가 약 35% 정도를 차지하고 있다. 장신구 등
에 대한 금의 수요는 금을 좋아하는 일부 국
가의 인구의 증가 속도를 감안하면 많은 국
가에서 금장신구에 대한 수요는 계속 줄어
드는 추세이며 중국 등 일부 금 선호 국가에
서 젊은 세대가 금을 이전 세대만큼 원하지
않게 된다면 늘어나는 수요를 누가 받아 줄

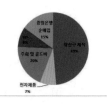

총 금수요 (톤)	4826
장신구 제작	2137
전자제품	326
주화 및 골드바	864
ETF	403
중앙은행 순매입	667

전 세계 금 수요
(출처: 블룸버그)

수 있을지에 대한 부분도 그리고 금의 가격 상승으로 자산의 관점에서
의 혜택을 있겠지만 효용의 관점에서는 고민해 볼 문제이다.

이미 오랜 기간 전 세계는 달러의 시대로 이어져 왔고 달러라는 기
축 통화를 기반으로 오랜 기간 성장해 왔다. 앞에서도 언급했듯이 달
러는 금이 아닌 석유를 기반으로 성장한 측면이 크고 지금은 모든 무
역에서 필수 불가결한 통화로 자리매김해 왔고 금본위제가 가져올 많
은 비효용을 일부 금을 많이 보유한 국가나 개인을 위해서 희생하게
되는 것은 아닐까

통화정책과 효용

1979년 10월 6일 토요일의 일이었다. 오일쇼크로 솟구치는 물가를

저지하기 위해서 당시 연준 의장이었던 폴 볼커는 기준 금리를 종전보다 4%나 높은 15.5%로 전격 인상했다. 당시 언론은 이를 두고 토요일 밤의 학살이라는 표현까지 썼다. 글로벌 파이낸셜 데이터가 집계한 데이터에 따르면 지난 700여 년간 특히 1550년 이후 하락세를 이어 왔다. 금리는 보통 6% 정도에 수렴했는데 전쟁 등으로 급격하게 화폐가 필요한 경우에 금리는 20% 수준까지 오르기도 했다.

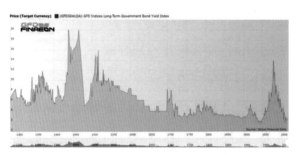

최근 700여 년간 금리 변화(글로벌 파이낸셜 데이터)

　통화정책의 핵심은 지금까지는 기준금리라는 것을 통해서 통화량을 조정하였는데 특히 금본위제에 충실했던 시절에는 금의 생산량이 늘어나지 못하면 높은 금리의 고리의 자금을 빌려서 충당해야 했다. 쑹홍빙의 저서《화폐 전쟁》에 따르면 17세기에 이르러서는 은행에서 발행하는 화폐의 양이 이미 실질 유통중인 금이나 은으로 만들어진 금속 화폐를 넘어서게 되었고 산업 혁명이 시작되면서 철도 광산 조선 기계 방직 방위산업 에너지에 이르기까지 다양한 분야에서 화폐의 수요는 계속해서 늘어나게 되었다(쑹홍빙,《화폐 전쟁》, 27 페이지, 로스차일

드 가문).

산업 혁명은 사실 우리가 생각하는 것처럼 단기간에 진행된 것이 아니었다. 오랜 기간 산업의 다양한 분야에서 나타나게 되었는데 지금까지 단순 가내수공업과는 다르게 어마어마하게 많은 재화와 인력을 동원해야 했고 당시 금융업의 다양한 융자나 기법들이 없었다면 화폐의 총량을 늘리지 못해 산업 혁명은 더더욱 더디어졌을 것이다.

미국의 존 테일러가 고안한 금리 인상과 실업/물가를 고려한 통화정책의 운용모델 테일러 준칙은 많은 국가들이 자국의 적정 금리와 통화량을 판단하는 데 기본 모델로 사용되고 있다.

한국 기준 금리	0.5
테일러 준칙 금리	1.2

테일러 준칙 금리	=	중립 실질 금리	+근원 CPI	+ 알파	* 인플레이션 실질	- 인플레이션 목표	+ 베타	* 실업갭 전환 팩터	* (실업 비가속 인플레이션)	- 현재 실업률(실질)
1.20%	=	2%	0.40%	0.5	0.4	2	0.5	2	3.8	-4.2

테일러 준칙 계산(출처: 블룸버그)

한국의 경우 블룸버그 테일러준칙 모델에 따르면 적정 금리는 1.2%이나 실제 한국의 금리는 0.5%로 추가적인 상승이 필요하다는 결론이 나온다. 하지만 이 모델의 경우 시점의 차이가 존재할 수 있다.

통화정책의 기본적인 원리는 간단하다. 물가상승률에서 경제성장률을 더한 만큼을 적정 통화량으로 계산하는데, 예를 들어 물가 상승률이 5%이고 경제 성장률이 3%라면 통화량은 8% 늘어나는 게 맞는다는 것인데 일본과 같이 오랜 기간 저금리가 이어지고 낮은 실업 수준이 이어지고 있는 경우에는 금고 속에 자고 있는 통화량 만큼의 또는 부동산 등의 활발하게 거래되지 않는 자산 등 사용되지 않는 자산들이 이미 비대해진 성숙시장의 경우는 성장률이 낮다고 하더라도 디플레이션으로 인해서 또는 주변 국가들의 에셋 파킹[5] 등을 통해서 국가 내의 비활동 자산의 양이 급격하게 늘어나는 경우 자산가격은 늘어나지만 통화량은 점점 부족하게 되며 장기적인 불황에 빠질 수 있다는 것이다. 따라서 통화 정책은 실질적으로 효용에 기여하는 통화를 중심으로 측정하고 각 국가의 인구 다이어그램에 맞는 통화정책을 추진하지 않는다면 국가 내의 자산은 효율적으로 기능하지 않을 것이기 때문이다.

부동산 가치 상승 또는 부동산 버블로 행복해질 수 있을까

우리가 부동산 버블을 생각하면 흔히 일본의 경우를 떠올리지만 일본은 사실 부동산 버블이 아니었다. 모든 산업과 모든 재화의 가치에 대한 전체적인 버블이었고 당시의 주식시장과 상품시장을 생각해 보면 부동산의 상승폭이 눈에 띄게 크다고 보기 어렵다. 당시의 미국의 유능한 사람들은 일본에서 근무하는 것이 유행일 정도로 미국에서 근무하는 것보다 훨씬 높은 임금을 제공했으며 일본의 택시 기사들이 미국의 대기업 중역 이상의 소득을 올리는 경우도 부지기수였다. 필자가 생각하는 대표적인 부동산 버블은 홍콩이다. 부동산은 일부 디벨로퍼

---

5 돈을 번 부호들이 자국 내 여러 위험요소를 대비해 자금을 안전한 곳으로 옮기는 현상.

들의 경우를 제외하고는 비활동적인 자산이며 거래 역시 많지 않은 자산이다. 많은 경우 유통화폐의 감소를 가져오며 부동산 자산의 가치는 일반적으로 매우 높아서 국가 내 자산 중 부동산 비중이 높은 경우 ROA(Return on Asset 전체 자산 대비 수익)이 낮아지고 부는 기존의 세대에 고착화되기 쉽다는 문제가 있다.

실제 홍콩 내의 부동산의 가격은 세계 1위이며 30평에 방 두 개 정도의 패밀리타입의 경우 도심 한복판에 있는 고급 주택가인 빅토리아 피크라면 가볍게 1억 HKD, 한화 약 150억 원까지 조금 외곽의 침사추의 정도라도 7천만 HKD, 약 105억 원을 넘는다. 심지어 빅토리아 피크의 고급주택은 21억 HKD(한화 3200억 원)에 거래되었다고 하니 엄청난 빈부 격차와 높은 부동산 가격을 실감나게도 한다. 이러한 기형적인 부동산 버블은 국가 세수에도 큰 영향을 미치게 되는데 블룸버그에 따르면 홍콩은 전체 세수의 35%를 부동산 관련 세금으로 충당하고 있다고 한다. 이는 한국과 일본의 부동산 관련 세금이 전체 세수에서 5% 전후인 것과 비교하면 매우 높은 수치이다.

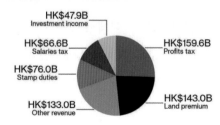

High on Property
As much as 35 percent of Hong Kong's 2019-20 government revenue is expected to come from land premium and stamp duties

HK$47.9B
Investment income

HK$66.6B
Salaries tax

HK$76.0B
Stamp duties

HK$133.0B
Other revenue

HK$159.6B
Profits tax

HK$143.0B
Land premium

Source: Hong Kong Budget documents

BloombergOpinion

그렇다면 높은 부동산 가치로 사람들은 행복할까? 화폐의 총량이 정해져 있는 상황에서 부동산으로 국가의 많은 부분의 부가 귀속된다고 할 때 또는 부동산 이외의 산업에는 돈이 돌지 않는 현상이 이어지게 된다. 게다가 남은 화폐를 차지하기 위한 싸움에서 이긴 승자들이 결국은 부동산을 구매하게 되어 더더욱 부동산으로 자산의 쏠림 현상이 일어나는 것이다. 앞에서도 이야기했듯 대부분의 경우 부동산은 고효용자산이 아니다. 새로 생긴 신축의 고급 브랜드 아파트가 사람들의 시간을 급격하게 줄여 주거나 하지 못한다. 오히려 건축 규제 등의 조정에 따른 용적률 등의 상승은 도시화를 진행시켜서 효용을 늘릴 수 있다. 하지만 도로 등의 설비가 준비되지 않은 지역에 과도한 용적률 상향은 기존의 거주자들의 이동 시간의 증가로 인한 시간적인 손실을 가져오므로 용적률의 상향이 가져올 거주민들의 시간적인 손실을 고려해서 섬세하게 접근해야 한다.

효용과 평등 사이에서 주저하지 말아라

평등은 참 어려운 개념이고 올바른 평등이 시행되기에는 더더욱 어려움이 많다. 많은 평등론자들 사이에서도 지금까지도 정의로운 평등에 대한 논란이 이어지고 있다. 가까운 예로 코로나로 인한 재난지원금이 많은 국가에서 지급되었는데 이런 지원금의 지원 범위에 대해서도 많은 논란이 있었다. 상위 10% 고소득자는 지급하지 않아야 한다라는 주장부터 상위 10%를 포함해서 모두에게 동일하게 지급하는 것이 정의롭고 공평하다라는 주장도 있었다.

보통은 평등에 대해서는 두 가지 접근이 이뤄지는데 롤즈가 《정의론》에서 이야기했던 분배적 평등이 그중 하나이고 다른 하나는 사회적 평등 또는 관계적 평등이다. 분배적 평등은 어떤 기준에 의해서 재분배하는 것이 정의로운 사회인가라고 하는 위와 같은 문제에 직면하게 된다. 이는 북한에서 일어난 토지개혁처럼 잘못 시행된다면 정의로운 부의 재분배가 아닌 노력하는 임금 노동자들의 돈을 빼앗아서 권력자들에게만 분배하는 새로운 불평등을 만들게 된다. 사회적 평등 또는 관계적 평등은 기회를 공정하게 제공하지만 기회에 떨어진 사람들은 최소한의 보장 이상은 받지 못하는 삶이 된다. 또한 특정 장애가 가지고 있는 사람이 있지만 사회구성원들이 서로 상대를 존중하고 동등한 도적적인 가치를 지닌 자로써 인식한다면 서로 다름에 대해서 제도적으로 균등하게 만들 필요는 없다는 것이 관계주의적인 평등의 기본 골자이다.

예를 들어, 범죄자의 집에 불이 났을 때 소방관은 출동해야 하는가? 아니면 높은 법무부 장관 집에 불이 났을 때 범죄자의 집에 난 불보다 우선해야 하는가? 우리는 이 경우 평등이라는 개념만으로는 접근이 어렵다. 또한 많은 국가 정책이 시행되는데 있어서 평등으로 접근한다면 결국은 비효용을 만들어서 국가와 사회의 발전을 저해시킨다.

대표적인 예가 1970년대의 어리석은 정치가들이 만들어 낸 캘리포니아 산타모니카시에서 만들어졌던 주택임대료 통제법(Rent Control

Law)이었다. 서민들의 지상낙원을 꿈꾸며 많은 정치가들이 유권자들이 혹할 만한 법을 통과시켰다. 이 법은 소유주가 임대료를 인상하지 못하게 했고 서민들이 값싸게 좋은 주택에 살 수 있도록 하는 법이었다.

공정과 평등을 이야기하던 좋은 취지와는 달리 임대료의 인상이 불가능해지자 소유주들은 집을 관리하지 못하고 방치해 둔 탓에 집들은 단기간에 노후화되었으며 주택을 상가나 다른 시설로 변경해 버리는 탓에 공급은 급속도로 줄어들었다. 그러자 정부는 임대주택을 없애지 못하며 임대주택을 용도변경 등으로 없애는 경우 새로운 임대주택을 더 짓도록 하는 법안까지 통과시킨다.

그러자 도시의 효용은 급격하게 떨어지기 시작했다. 많은 자녀가 있어서 넓은 집에 살았던 사람들은 자녀들이 독립하고 난 이후에도 매우 저렴한 가격에 넓은 집에 살았고 정말 반드시 도심에 살아야 하는 사람들은 부동산을 찾아다니는 것보다 신문에 부고란을 찾아야 빈 방을 구할 수 있는 상황까지 오게 된 것이다.

필자가 기억에 남는 게 필자가 일본에서 거주하던 시절에 높은 핸드폰 요금으로 짜증이 났었을 때 손정희의 소프트뱅크에서 데이터 무제한 요금제를 처음으로 시도했었다. 그러나 일본 정부는 금액에 따른 데이터 요금정책의 차이가 데이터 빈부격차를 만들 수 있다고 해서 저렴한 소프트뱅크의 무제한 요금제를 폐지하라고 권고조치를 하기까지에 이른다.

효용은 상대적으로 객관성을 지닐 수 있다. 앞으로 빅데이터 시대가 오게 된다면 효용은 보다 정확한 수치를 바탕으로 결정할 수 있게 된다. 그럼에도 효용의 시대가 늦어지는 이유는 민주주의에 모순과 현명하지 못한 유권자들의 실수가 그 원인일 수 있기 때문이다.

위의 산타모니카의 주택시장 붕괴로 마지막까지 혜택을 본 사람은 모든 주택 소유주들을 악덕 스크루지처럼 공격하면서 정의를 구현하는 것처럼 행세한 정치가들이었다. 그들은 실제로는 아무런 도움이 되지 못했지만 주택난 해소를 위해서 헌신한 정치인으로 오랜 기간 권력을 잡을 수 있었고 가장 큰 피해를 본 사람들은 바로 새로 사회생활을 시작해야 하는 젊은 세대들이었다. 이들은 가장 바쁜 사회생활의 초창기임에도 4시간씩 자동차로 운전해서 출근해야 하는 고통스러운 시간을 살게 되었다.

앞에서 사법시험의 경우와 같이 평등과 효용은 대치되는 개념이 아니다. 평등이라는 달콤한 말로 유권자들의 표를 받아야 하는 자들에 의해서 이용당하고 있을 뿐이다.

효용을 위한 정부

효용 사회로의 전환에는 정부가 신경을 써야 하는 부분이 사실 너무 많고 너무 크다. 첫 번째로는 목표를 분명하게 해야 한다. 전 세계를 공산주의 사회로 바꿀 수 있는 것이 아니라면 자본주의 안에서 각 국가 구성원의 경쟁력을 올려야 하고 기업과 개인이 보다 많은 자본을 소유할 수 있도록 또는 자본을 많이 소유한 기업과 개인이 오고 싶은 나라를 만들어야 한다는 것을 의미한다.

효용을 위한 전환에서 결국 가장 많이 변해야 하는 부분이 개인과 정부이기 때문인데 효용은 한 부서에서 담당하기에는 어려움이 있을 수 있다. 특히 요즘과 같이 융복합의 시대에서 다양한 부서의 이해관계를 풀어 나갈 수 있는 전담부서를 두어서 국가 전체의 효용을 측정, 발전시켜 나아가야 한다.

효용전담부서 내에는 효용의 증가와 자산가치의 증가는 항상 일치할 수는 없기 때문에 기축 통화인 달러의 효용을 확인하면서 자국 내의 통화의 가치를 조절하는 기능과 국가내의 자산, 즉 사람, 자원, 토지, 생산시설, 특허 등 전체 자산기준으로써의 효율적인 활용을 생각해야 한다.

일본과 같이 개인 금고 속에 자고 있는 통화들이 많다면 그 자고 있는 통화 등의 가치도 고려해서 통화정책을 수립해야 할 것이며 해외의 정치적인 불안정성으로 인해서 에셋 파킹 등의 수요가 급격하게 증가하는 경우에도 '국가의 인구수*필요 적정 통화량'을 계산해서 급격한 통화의 위축이 없도록 관리해야 한다.

또한 통화 수요가 지금과 같은 저금리에도 기업들이 힘들어 하고 있다면 또는 개인들이 높은 세율로 활기를 잃어 가고 있다면 세금 정책 등의 조정도 반드시 필요할 것이다. 통화량과 세금은 항상 인구 다이아그램과 같이 움직여야 한다. 노년 인구가 많은 국가에서 부가세와 같이 활동적인 거래 활동에 높은 세금을 매긴다면 경제는 더더욱 침체

될 것이며 젊은 인구가 많은 국가에서 높은 부동산 보유세 등은 신규 수요자들의 구매 의욕 저하로 이어질 수 있을 것이다.

또한 산업화와 고도 성장 시기가 끝나면서 기존의 사회 계층들이 사회 주요 시설 등과 산업 등을 지배하게 되어서 봉건제도시절과도 같은 지대와 높은 세율로 힘들어하고 있다. 중산층은 점점 몰락하고 있으며 이전에는 공정함의 대명사였던 교육까지도 이미 로스쿨과 행정고시 사법고시의 폐지와 함께 기존 기득권들에 의해서 공정한 교육의 기회도 박탈당하고 있다.

서브프라임 몰기지 사태로 많은 중산층과 저소득층이 몰락하였지만 오랜 기간 보너스 잔치를 벌여 왔던 금융권의 많은 은행들과 자본가들은 구제금융을 통해서 오히려 부를 확대해 나갔다. 사실《불평등의 대가》를 쓴 조지프 스티글리츠는 금융위기가 있었던 서브프라임 사태를 통해서 상위계층의 부는 거의 그대로 유지되거나 다소 늘어난 반면 하위 계층의 부는 급격하게 감소했다고 지적했다.

중산층의 몰락이 가져오는 원인과 결과는 자명하다. 산업 혁명이 일어났음에도 시대의 변화를 읽지 못하고 농업을 강조하던 대한민국의 전신인 조선은 공업과 상업의 능력이 높은 사람들을 천대하고 정부관료와 농업종사자를 우대했고 과학자를 괄시하고 성리학자를 우대했다. 잘못된 국가의 방향은 국가를 저효용 사회로 만들어 갔고 결과는 국가 자체의 몰락으로 넘어갔다.

국가는 중산층이 가야 하는 방향을 정확하게 제시할 수 없다면 다양한 중산층이 살아남을 수 있도록 교육과 의료 등을 확대해서 우리의 근본적인 가치관에 더욱 부합되는 사회를 만들어 가야 한다.

양도 소득세와 다주택자 규제

양도 소득세와 다주택자 규제는 일본에서는 2000년도 초중반, 한국에서는 최근에 활발하게 논의되고 있는 분야이다. 사실 양도 소득세는 오래된 세금 중 하나로써 1948년에 도입된 이후 한국전쟁 등으로 인해서 폐지되었다가 1967년도에 부동산투기를 막기 위해서 양도차익의 50%를 과세하기 시작하면서 징벌적인 성격의 과세로 변화하였다.

이후 우리가 잘 아는 바와 같이 1988년부터 양도 소득세율을 보유기관과 과세표준금액에 따라서 차등적용하고 구간별 누진체계를 도입하였고 2003년부터는 다주택자들에게 50%의 세율을 적용하며 장기보유 특별공제를 배제시켰다. 또한 눈에 띄는 정책은 미등기 양도 시에는 60%에서 70%로 인상을 시켰다는 점인데 이는 이 당시 미등기 양도나 부동산 다운계약 등이 얼마나 많았었는지를 짐작하게 하기도 한다. 이후 2011년부터 추진되던 다주택자 중과세를 폐지와 반값주택 등의 정책으로 시장에 물량들이 쏟아지게 되는데 당시에 유행하던 말 중 하나가 "집은 사용하는 것이고 소유하는 게 아니다."일 정도로 사람들은 전세를 선호했다. KB 부동산 시세 데이터를 보면 아파트와 단독, 연립 등에 따라서 다소 수치는 다를 수 있으나 명확한 매매가 하락 전세가 상승을 볼 수 있다.

월간 주택(아파트+단독+연립) 매매가격 동향 　기준월 : 2010.10

| 매매 | 가격지수 **88.7** | 변동률 **-0.12%** |

월간 주택(아파트+단독+연립) 전세가격 동향 　기준월 : 2010.1

| 전세 | 가격지수 **69.7** | 변동률 **0.96%** |

　그렇다면 효용의 관점에서 볼 때는 어떠한 정책이 옳은 것일까? 다
주택자 중과세 등이 맞는 것일까?

　우선 효용의 관점에서 본다면 크게 다음의 두 가지 측면을 고려해야
한다. 첫 번째로는 수익자 부담의 원칙(Benefit Principle)이다. 사회 인
프라 등의 수혜를 얻는 위치의 재화를 가지고 있는 자에게 일정 부분
의 보유세를 징수하는 것이 올바른 일인가 또는 집값 상승으로 인해서
실현되지 않은 이익(Unrealized income)에 대한 과세에 따라서 평생
을 도심의 중심가에서 살았는데 이사를 가야 하는가에 대한 부분이다.
물론 미 실현 이익에 대한 과세가 일부 조세 형평성의 문제가 있을 수
는 있겠으나 사회 전체로 볼 때 고도성장기의 사람들이 모두 중심가에
살면서 정작 많은 사회 활동을 해야 하는 젊은 세대들이 도심가에서
2~3시간 떨어진 곳에서 살아야 하는 사회가 건강한 사회인가 묻고 싶
다. 소유와 이용이 분리되는 것은 물론 대찬성이고 효용을 위한 올바
른 방향이지만 부동산 시장의 특성상 소유자나 이용자가 항상 동등하

지 않을 수 있으므로 좋은 사회 인프라가 있는 곳의 주택에는 사회 인 프라에 해당되는 부분의 세금이 필요할 것이다. 이는 1년짜리 롯데월 드 연간이용권을 가진 사람이 롯데월드를 자주 가지 않는다면 그 연간 이용권을 다른 사람에게 양도하기 쉽게 만드는 것이 옳은 일이 아닐까 라는 질문과도 같다.

두 번째로는 거래 혜택(Trade Benefit)의 원칙이다. 불법적인 행위 등이 아닌 이상 거래는 항상 더 좋은 효용을 위해서 이뤄진다. 따라서 모든 재화의 거래는 효용의 증가를 가져온다고 보고 효용의 증가가 없 다면 사람들은 본인들이 가지고 있는 재화를 교환하지 않을 것이다. 따라서 과세는 이와 같은 행위를 제한 하는 방해 요소(Trade barrier) 가 되며 과세뿐 아니라 복잡한 관련 법령의 빈번한 변화 등도 효용을 떨어트리는 요소가 된다.

이기적인 정부와 무능한 정치가들

지금까지 전 세계의 많은 경제학자들이 국가와 정부가 어떻게 조화 를 이루어야 하는지에 대해서 연구해 왔다는 것을 잘 알고 있다. 중상 주의자들은 정부가 경제에 개입해야 한다고 생각했지만 애덤 스미스 는 정부는 경제에서 손을 떼야 한다고 생각했고 마르크스는 정부가 착 취하는 존재로 보았으며 리카도는 정부가 보호무역주의를 통해서 영 국을 제2의 암흑기를 가져오게 할 것이라고 이야기했다.

전 세계의 많은 정치인들이 관
료들과의 전쟁을 선포했지만 결
과는 항상 대참패에 이르렀다. 미
국의 예로는 지미 카터 로널드 레
이건이 있었고 일본의 하토야마
또한 탈관료를 선언했지만 민주

관료 손발 꽁꽁 묶는 하토야마 정부	
추진 내용	정책 효과
■ 총리 직속 내각인사국 설치 →	총리가 관료의 인사권 장악
■ 사무차관회의 폐지 →	관료 영향력 감소, 탈(脫)관료 의존
■ 간부 후보자 명단 관리 →	부서 간 벽 허물고 연공서열 타파
■ 정무 3역의 정부 진출 확대 →	관료에 대한 정치 주도 강화
■ 정부의 지방출장기관 폐지 →	관료의 권한 감소, 지방분권 강화
■ 관료의 국회 출석·답변 금지 →	관료의 영향력·입김 배제
■ 당 간사장이 진정·민원 총괄 →	관료·정계·업계의 유착 타파

2010년 2월 《중앙일보》 기사 발췌

당의 몰락을 가져오게 되었으며 한국의 박근혜 정부 역시 공무원 연금
개혁 등을 추진했지만 어느 누구도 관료들과의 싸움에서 이길 수 있는
자는 없었다.

많은 우리들은 정부와 정치인을 동일시한다. 하지만 우리가 생각하
는 정부는 대부분의 경우 정부 고위관료 등을 이야기하게 된다. 아이
러니하게도 한국을 비롯한 많은 국가들의 경우 장관은 명예직의 성격
이 강하고 정치인이 부임하여 정권이 바뀔 때마다 매번 교체되다 보니
차관이 오랜 권력을 지니고 실세로 있고 새롭게 부임해 오는 아무것도
모르는 장관은 적당히 접대하고 요리해서 본인이 생각대로 정책을 시
행하는 경우가 많다.

정치 지도자가 그 어떤 머니페스토를 지니고 어떤 요청을 한다고 하
여도 이를 실제로 실행하는 것은 관료들이며 관료들은 자신들의 입맛
에 맞지 않는 정책들은 언제든지 정치 지도자가 선거에서 패배하거나
은퇴할 때까지 시행을 미루거나 지연할 수 있으며 물론 정치 지도자
나 국회의원들도 본인들의 이익과 특정 정치집단의 지지를 얻기 위해

서 대부분의 경우 관료들과 힘을 합쳐 본인들의 사익을 추구하거나 나라 전체의 효용을 무너트리는 결정을 언제든지, 얼마든지 할 수 있다. 여기서 말하는 사익의 추구에는 국가 전체에는 필요하지 않음을 알면서도 본인의 조직을 필요 이상으로 크게 확대시키거나 흔히 말하는 예산 전쟁(여러 부서들 간의 예산을 놓고 국회의 예산 특위의 심의를 받는 과정)에서 핏대 높여 싸우는 경우도 더 이상 특이한 일이 아닐 것이다. 이에 대한 문제를 제기한 것이 바로 공공 선택학파의 크누트 빅셀과 제임스 뷰캐넌 등인데 공공 선택학파의 주장은 사기업 이상으로 정부관료들은 이기적이라는 것이며 이러한 정치적인 비즈니스맨들은 항상 권력의 극대화와 선거의 승리를 추구해 왔다는 점이다.

예를 들어, 한국 한우 협회가 로비를 통해서 100억 원을 사용해서 수입 쇠고기를 들어오지 못하게 하고 육류 가격 독과점 등을 통해서 5000억 원의 이익을 올렸다고 해 보자. 이들은 전 국민이 저렴한 쇠고기로부터 받을 수 있는 건강한 단백질 섭취와 필수 영양소 공급을 통한 건강함의 혜택을 수천 또는 수만의 낙농 농가의 금전적인 혜택과 바꿔 버린 것이지만 이에 대항하는 협회는 만들어지기 어렵다. 그 이유는 혜택을 보는 주체가 전 국민이기 때문에 혜택의 범위가 넓지만 혜택의 양이 상대적으로 매우 낮기 때문이다. 이는 애국적인 성격을 가진 이익 단체가 적은 이유이기도 하다. 특정 단체가 100억 원을 들여서 전국민의 효용을 금액적 환산 시 50배나 큰 약 5000억 원 가량 늘리는 일을 하였다고 한다면 혜택은 전국민에게 돌아가게 되므로 인당 1만 원만큼 혜택이 발생하지만 해당 단체는 100억 원이라는 비용이 발생하기 때문에 전국민을 위한 이익 단체는 생겨나지 못한다. 따라서 전국의 낙농 단체, 농업 단체, 여성 단체, 소수자 단체 등의 다양한 이익집단들은 우리가 조용하게 있는 동안 본인들의 이익을 위해서 새로운 품종을 개발하는 등의 연구 개발보다는 국회의원 사무실이나 정부의 경제수석팀 등을 더욱더 열심히 만나려고 하는지도 모른다.

미국의 경제학자 맨슈어 올슨은 국가가 안정될수록 특수 이익에 감염되기 쉽다고 말했고 이는 대다수의 발전된 선진국들의 발전 속도가 신흥국가들보다 낮은 이유라고 주장했다. 세월이 흐를수록 거머리들이 번식해서 국부라고 하는 혈액을 빨아 먹는다는 것이었다. 이미 한국에서도 고위 관료나 공무원들이 관련 자회사 등을 만들어서 퇴직 후에 해당 자회사에 낙하산으로 가서 오랜 기간 고문 등의 명목으로 높은 급여를 받고 살아가는 것을 알고 있고 본인의 자식이나 친인척들에게 정부 수주를 직간접적으로 몰아주는 등의 행위 등이 비일비재하게 일어나고 있다.

이번 코로나 사태 기간 중에 우리는 사람들은 아무런 행위 없이 정부로부터 받는 특별 무상 보조금에 얼만큼 열광하고 찬사를 보내는지 확인했고 이러한 행위를 통해서 수 많은 정부 보조금 지원 사업단들이 만들어지고 정권은 재탄생하고 있다.

단돈 1000만 원으로 30평대의 아파트에 들어갈 수 있는 싱가포르의 정부 공급 아파트

이미 많은 공직자들의 다주택자 논란과 부동산 용도 변경을 통한 부동산 투기 논란들처럼 정부의 시책과 본인의 이익 추구가 상충되는 경우 많은 사람들이 사익의 추구를 우선시하는 것을 확인했다. 이처럼 정부 고위 당직자들의 개인의 부나 이익이 공익과 정말 깔끔하게 떨어지지 않는다면 특정 공직자들의 개인의 사익추구를 제한해야 하는 것은 아닐까?

또는 적어도 새롭게 공무원이 되는 사람들에게는 양쪽의 선택권을 줘서 정부형위탁형과 개인자율형 중 선택을 할 수 있게 하고 공직이 시작되는 시점부터 기존의 모든 자산을 제3기관 위탁을 하고 정부형 아파트 등에 거주하면서 정부 급여로만 생활해야 하는 것은 어떨까? 물론 싱가포르와 같이 공무원 등에게 우선적인 주거 공간 지원 등이 이루어져서 공무원의 품위를 유지할 수 있도록 해야 하고 다양한 공무원들만을 위한 교육 시스템도 도입되어야 하겠지만 공공의 업무를 하고 있는 공무원들이 사기업에서 근무하는 사람들과 동일하게 급여적인 경쟁이 어려운 현실을 감안해 볼 때 공무원의 품위를 유지시키고 안정적인 주거환경제공과 뛰어난 교육기회를 제공해 주고 자녀들에게 공무원 가산점 등을 통해서 안정성을 제공해 주면서 공정성을 요구해 보는 것은 어떨까?

비즈니스맨들은 수익의 극대화를 위해서 투쟁한다. 하지만 공무원은 뇌물 수수를 통하지 않고서는 수익의 극대화를 추구하지 못한다. 그들은 권력, 안정성, 권위, 퇴직 후 조건 등을 추구한다. 그 방법은 자신의 소속기관의 예산을 더 크게 받아서 조직을 비대화함에 따라서 이루어진다. 일본의 이용자 0명 공항들이 괜히 나온 것이 아니다. 큰 건설 사업과 공항을 추진하여 지역경기를 살릴 수 있을 것이라는 유권자의 기대감으로 정치인은 정부 예산을 크게 가져와서 유권자들의 표를 통해서 선거에 승리를 기대하고 관료들은 관련 기관의 단체장이나 퇴직 후 낙하산으로 갈 수도 있다라고 하는 모두의 이해관계의 산물인 것이다.

어느 쪽이 옳은지는 아무도 모르겠지만 한 가지 확실한 것은 맨슈어 올슨의 말처럼 이익 집단들이 점점 강해지면 결국 과거 조선시대의 붕당정치 때 예송(상복을 입는 기간)논쟁과 같이 자신들이 속한 이익이 전체의 이익과 상반되어도 또는 개인의 가치관과 대치되어도 항상 우선시되어야 하므로 결국 아무 의미 없는 소모적인 논쟁과 국가 전체의 효용을 떨어뜨려 국력이 약화될 것을 우리는 과거의 경험으로 알고 있기 때문이다.

국가 규제의 역설

많은 기업들이 규제를 철폐해 주기를 원한다고 생각하고 규제가 없어지면 기업들은 배를 불려 주지만 일반 노동자 계층들은 삶이 핍박받을 것이라는 이야기를 하지만 이 역시 조금은 다른 문제이다. 우리는 학교에서 기업들의 독과점으로부터 소비자들을 보호하기 위해서 우리는 규제를 한다고 배웠다. 하지만 현실은 다른 경우가 많다.

우선 가장 가까운 예로 원격의료나 약사법 등에 대해서 생각해보자. 원격의료는 특히 단순 처방이 필요한 질병의 경우 환자나 의사를 원격으로 연결해 주어 거동이 불편한 노인 인구증가와 같이 우리가 한번은 생각해 보아야 할 문제이다. 하지만 이를 반대하는 것은 기존의 병원들이고 약사법 역시 병원에서 처방을 하고 처방한 것에 따라서 약을 병원에서 제공하는 것이 가장 효율적이고 환자나 약사의 이동시간 및 커뮤니케이션의 오류를 최소화할 수 있음에도 기존 약사 단체의 주장에 따라서 의약분업을 시행하게 되었다는 것을 우리는 잘 알고 있다.

기업들과 이익단체들은 그들을 규제가 보호해 줄 수 있다는 것을 잘 알고 있다. 많은 기업들은 더 많은 규제를 위해서 필사적으로 로비한다. 이를 포획이론(capture theory of regulation)이라고 하는데 미국 보스턴 멤피스 등 일부 도시는 항상 택시가 모자라지만 택시 운전사 협회에서 기존의 허가를 가지고 있는 자신은 괜찮지만 신규 택시 허가를 늘리는 것에 반대하는 것도 같은 맥락이다.

물론 모든 규제가 기존의 산업에 진출한 사람들을 돕고 후발 주자들의 진입을 막는 장벽(Barrier) 역할을 하는 것은 아니며 자유방임주의를 주장하려는 것도 아니다. 하지만 우리가 정부라고 생각하는 정치인과 정부관료 그들은 선 또는 악이 아니고 그들은 우리의 하인도 아니다. 하지만 한 가지 확실한 것은 그들의 개개인의 목표의 추구가 사회 전체로 볼 때 효용의 저하를 가져오는 경우에 어느 기관에서도 견제할 수 있는 방법이 없고 이러한 이익 정치 등을 정부가 견제하지 않는다면 우리는 공정성과 효용성이라고 하는 두 마리의 토끼를 모두 놓치게

　　　　　　　　　　효용의 시대가 온다

될 것이라는 점이다. 또한 이 책에서는 다루지 않겠지만 국가 간의 이익이 공정성과 효용성을 놓치는 많은 경우들도 존재할 것이며 이러한 비효용을 해결해야 하는 국제기구의 필요성도 길게는 생각해 보아야 할 문제이다.

국가의 과제

4차 산업 혁명을 지원 사업 중 하나였던 지능형 로봇 개발촉진법에 따라서 개발된 경남 로봇랜드는 사업비 7천억 원을 들였으며 인천에도 사업이 6500억 원 규모의 제2 로봇랜드 사업이 진행되고 있다.

하지만 로봇랜드에 대한 인식의 부재와 로봇 컨텐츠 부족 등으로 주말에도 텅텅 비어 사업비 손실이 예상되는 상황이라고 한다.

명절 기간 중에도 텅텅 빈 경남 로봇랜드의 모습

4차 산업에 대한 이해 없는 정부 관계자와 시행업체 등은 혈세를 낭비하면서도 사업 계획부터 운영까지 총체적인 부실로 몸살을 앓고 있다는 점이다. 이는 공부하지 않는 정부와 정부 관료들 그리고 보조금과 지원금만을 노리는 시행업체들의 현 주소를 보여 주고 있는 듯하다.

지금의 세계는 유례 없는 높은 변동성과 불확실성으로 갈 길을 잃었다. 코로나로 인해서 터키나 남미의 많은 국가들은 미국 내의 통화량(*M1 통화 기준)이 7배가량 증가했음에도 달러가 부족해서 금리를 20%에 가깝도록 올리고 있다. 자본은 기본적으로 항상 효용이 낮은 곳에서 높은 곳으로 흐른다. 효용이 낮고 경쟁력이 없는 개인이 있는 남미의 많은 국가들은 포퓰리즘 정부들을 거치면서 경쟁력을 잃었고 이는 돌이킬 수 없는 결과를 가져왔다.

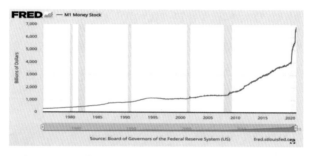

미국의 M1 통화(현금통화+요구불예금) 추이(연방준비은행 자료)

사실 미국 연방준비은행의 양적 완화는 GDP 대비 국가 부채 비율이 과도하게 높아 버블을 조장한다는 의견과 코로나와 같은 지금의 특수한 상황을 해결하기 위해서는 필수 불가결한 조치라는 주장이 대립하고 있고 일본에서도 한국에서도 통화정책에 대한 일관된 정책 없이 매번 상반된 정부 발표로 기업과 국민들을 혼란스럽게 하고 있다.

따라서 미래의 정부는 지금 이상으로 GDP 밖의 수치들에 관심을 가져야 한다. 국가 차원의 인적자원과 물적 자원들을 어떻게 효과적으로

효용의 시대가 온다

배분하여 가는가에 대해서 보다 깊은 성찰이 필요한 시기이다. 다국적 기업의 입장에서 한국이 매력적인 투자처였던 이유 중 하나는 한국의 산업 인프라가 빠르게 세계에서 필요한 양질의 인력을 생산해 냈다는 점이다. 물론 이러한 배경에는 한국인들 특유의 뒤처지기 싫어하는 습성이나 상상을 초월하는 교육열 등이 더 크게 영향을 주었겠지만 국가가 주도하던 중화학인력 양성, 전기전자 인력 양성, 반도체 전문인력 양성 등과 이에 발맞춘 교육기관에서의 다양한 관련 학과들의 설립과 운영도 큰 역할을 했다고 본다. 이제는 4차 산업 혁명으로 새로운 산업의 토양이 태동하는 시기이고 앞으로는 우수한 미래에 맞는 우수 인력들이 더 많이 필요해지는 시기이다. 우리는 비숙련 이민자를 흡수하고 새로운 기술을 빠르게 전파시키면서 도시화를 통해서 비효용의 도시가 아닌 정비된 고효용의 도시로 효용과 생산성을 높여서 세계적인 초강대국이 된 미국의 성공을 기억한다. 과연 대한민국 정부 기업 개인은 4차 산업 혁명에 대해서 올바르게 이해하고 있으며 이에 맞는 인적 물적 인프라를 충분하게 준비한 상황인가?

효용과 기업

4차 산업 혁명? 3차 산업 혁명?

4차 산업 혁명이 가져올 변화에 대해서 많은 기업들이 이야기하고 있지만 아직 많은 사람들이 4차 산업 혁명과 3차 산업 혁명에 대해서 정확하게 이해하지 못한다.

사실 주요 기술에서 거론되는 IoT 사물인터넷, 로봇, 3D프린터, AR/VR 등이 이야기되고 있으나 로봇 팔 등으로 대표되는 산업용 로봇은 이미 오래전부터 사용되고 있었고 우리가 말하는 IoT(internet of things) 사물인터넷 역시 1990년도 후반부터 RFID 등의 다양한 센서를 통한 다양한 기기들간의 통신과 제어를 말한다. 예를 들어, 우리가 흔히 회사에서 사용하는 컴퓨터와 무선 인터넷 망을 통해서 프린터를 사용하는 것 역시 사물인터넷이고 데이터를 통한 재고관리 등은 이미 ERP시스템 도입과 같이 이미 진행되었다. 그렇기 때문에 많은 사람들이 4차 산업 혁명에 대해서 정확하게 이해하지 못하며 막연하게 미래

기술은 로봇이다, 미래에서 중요한 것은 AI다, 또는 빅데이터라고 이야기한다.

하지만 4차 산업 혁명의 핵심은 사실 1개의 기술을 말하지 않는다. 인터넷이 모든 산업에서 영향을 미쳤듯이 4차 산업 혁명 역시 데이터와 AI를 통한 최적화와 그로 인한 초 통제사회의 실현과도 맞닿아 있다. 구글과 같은 검색엔진을 통해서 찾아보면 이미 AI기술을 이용해서 그들이 각각의 개인에게 관심이 갈 만한 내용 또는 그들에게 이익이 될 관련도가 높은 광고 등을 AI가 판단해서 보내준다. 각 개인의 카드 사용내역을 보면서 사용자가 연애 중인지 싱글인지 또한 파악해서 최적의 광고를 찾아주게 된다. 이미 자동차 보험만기가 다가오면 인터넷에는 자동차 보험과 관련된 광고들과 다이렉트 메일들이 들어온다. 이는 지금까지 정보를 제공하는 수준이 아닌 AI라고 하는 신기술이 지금까지 금단의 영역이었던 "판단"까지 이루게 된다는 점이다.

4차 산업 혁명은 지금까지는 주로 우리들의 눈과 귀만을 컨트롤 하지만 시간이 지나면 우리가 타야 할 택시나 먹어야 할 음식 등 모든 분야에 대한 선택과 결정을 하게 될 것이다. 여러 대를 무차별 배차해서 1명의 손님을 받는 것보다 훨씬 효과적인 방법은 사용자가 언제 택시가 필요하게 될지 정확하게 예상하여 최적의 시간에 1대만 배차되는 것이 중요하다. 사회 전체의 효용을 위해서 1대만이 배차되면 우리는 그 택시를 타야만 하고 그 택시를 타지 않으면 다음 차가 배차되기 어렵다. 또한 사회 전체의 건강을 위해서는 나중에는 우리 몸의 유전자, 체질, 영양소 등을 분석해서 우리가 먹어야 하는 음식을 먹게 할 것이다.

따라서 우리가 이야기하는 진정한 4차 산업 혁명은 로봇이 대부분의 판단을 하도록 하는 것이 바로 4차 산업 혁명이다. 하지만 이러한 과정으로 가기에는 과도기가 필요하다. 이를 편의상 산업 혁명 3.5라고 이야기하도록 한다. 생각해 보면 지금 우리들이 이야기하고 있는 대부분의 기술들은 이미 3차 인터넷 혁명 때 이야기되던 기술이다. 4차 산업 혁명의 핵심기술 중 IoT는 예전에 말하던 유비쿼터스의 발전된 형태이며 스마트 시티 역시 예전의 스마트 그리드를 조금 더 발전시킨 다른 이름일 뿐이다.

　1차 산업 혁명으로 철도재벌을 만들어 냈지만 2차 산업 혁명은 1차 산업 혁명 때보다 훨씬 많은 전자기계와 자동차 대량생산 등을 가능하게 했다. 이는 엄청난 효용의 증가를 가져왔고 이러한 효용의 증가는 수 많은 전자회사와 석유재벌 그리고 통신재벌을 만들어 냈다. 3차 산업 혁명이 인터넷 검색 재벌을 일부의 계층에게 만들어 냈다고 한다면 우리가 4차 산업 혁명이라고 부르지만 3차 산업 혁명의 발전형인 3.5차 산업 혁명은 2차 산업 혁명이 증기기관을 매개로 했을 때보다 훨씬 더 많은 효용을 만들어 낸 것처럼 인터넷과 핸드폰이 아닌 모든 생활 속의 상품 등의 통신을 가능하게 하며 효용을 증가시켜 부를 창출할 것이며 그 많은 기회를 우리 기업들이 잡아야 한다. 많은 사람들이 우리나라 경제나 기업은 추격형 모델로 성공했다고 한다. 과거 많은 선진국들의 성공을 보고 성공했다는 말이다.

　지금의 인더스트리 3.5의 시대는 기회가 퍼져서 확립되는 시기이다. 2차 산업 혁명 때 만들어진 통신 재벌이 쉽게 바뀔 수 없듯이 지금 산업의 주요 포석을 잡아 두지 않는다면 4.5차 산업 혁명이 올 때까지 우리는 손가락만 빨아야 하지 않을까? 라는 조바심을 느끼는 것은 필자의 노파심 때문일까?

4차 산업 혁명은 기업의 효용을 증가시킬 수 있는가?

국내의 많은 기업들은 특히 지금까지 선진국의 성공 방정식을 따라 했던 경우가 많기 때문에 산업의 변화나 세계적인 트렌드를 정확하게 이해하지 못하고 막연하게 4차 산업 혁명에 대해서 막연한 두려움을 느끼거나 이해하지 못하기 때문에 애써 무시하는 경향이 많다.

경제의 최전선에서 싸워야 하는 기업이 규제와 선점 효과 등을 이용하여 시장의 변화와 기술의 변화에 눈을 감고 있다면 정부권력이 진입 장벽을 낮춰 줘서라도 해당 산업을 변화시켜야 한다. 항상 시장보다 늦은 기업은 도태되며 움직이지 않도록 고정된 시장은 썩게 된다.

4차 산업 혁명을 준비한다고 다양한 강연회를 쫓아다니시다가 요즘은 그나마도 흥미를 잃고 있는 일본의 중견 식품 기업으로 간장을 30년 넘게 만들던 회장 A 씨는 아직도 4차 산업 혁명은 남의 이야기처럼 들린다고 한다. 3차 인터넷 혁명이 진행되었지만 아직도 서류를 통한 결제를 하고 있고 사내의 ERP나 전자 결제는 굳이 도입의 필요성을 느끼지 않고 있다. 또한 식품 관련 법률은 까다롭기 때문에 신규 업체가 들어올 가능성이 매우 낮고 기존의 업체들과 적당하게 협의하면서 영업이익 등을 설정해 가기 때문에 더더욱 문제가 없다라고 생각하고 있다. 과연 A 씨는 4차 산업의 준비를 따로 해야 하는 것일까? 또는 국가의 입장에서 A 씨와 같은 선점효과를 가진 회사의 존재가 효용을 높이는 것일까?

우선 A 회장이 지금까지 살아남을 수 있었던 이유를 생각해 보자. 가장 큰 이유는 고추장, 간장 등 장류와 두부를 제조하는 업종은 생계형 적합업종으로 분류되어 기존의 업체가 아니라면 사업을 영위할 수 없는 대표적인 규제산업이다. 정부가 밥그릇을 보존해 주다 보니 정부 로비가 중요하고 산업의 변화는 신경 쓰지 않는다. 하지만 이로 인해서 많은 소비자는 대기업이 만드는 저렴하고 건강하고 맛있는 간장을 얻을 수 없고 수입하는 곡물 등의 원자재의 변화에 아무런 리스크 대응책을 마련해 두지 않다 보니 손익도 불안정하며 아무런 혁신도 이루어 지지 않지만 지금까지 편안하게 사업을 유지할 수 있었다.

그렇다면 앞으로는 어떻게 될 것인가? 4차 산업 혁명의 키워드는 확장이다. 지금까지의 인터넷이 모든 곳으로 연결될 것이며 이는 국가나 지역을 넘나드는 물류의 확장을 가져올 것이다. 아마존과 같은 유통 거인은 이미 홀푸드 인수를 통해서 빅데이터와 AI를 통한 새로운 유통질서를 구축하고 있고 국내에서도 다양한 E-Commerce 업체들이 생겨나고 있는 상황에서 언제까지나 규제가 한국 소비자들만 비싸고 맛없는 간장을 만드는 혁신 없는 기업을 보호해 주지는 못할 것이기 때문이다.

자율주행의 허상과 EV

2018년 3월 미국 애리조나 주 템페에서 시험 운전 중이던 자율주행 자동차가 여성 보행자 일레인 헤르츠베르크를 치어 숨지게 하는 사고가 일어났는데 해당 차량은 레벨4(완전 자율 모드)의 자율주행자동차로 당시 시속 61km로 도로를 달리던 중이었다.

20여 개월에 걸친 조사 끝에 2019년 11월 19일 미국의 연방 교통안전위원회(NTSB)는 홈페이지에서 해당 우버 자율주행차 충돌 사고 조사 결과 "운전자가 주행 중에 개인 휴대전화를 보느라고 주의가 산만해졌다. 이 탓에 도로와 자동화된 운전 시스템의 작동을 면밀히 감시하지 못한 게 충돌의 직접적인 원인."이라고 밝혔다.

차 내부 카메라를 보면 충돌 전 마지막 3분여 동안 34%의 시간을 도로가 아닌 다른 곳을 보는 데 사용했는데 이게 운전자의 과실로 판단하게 된 주요 원인인 것으로 보고 있다.

미국 도로교통안전국(NHTSA)이 2013년 제시한 '자율운행자동차의 발전단계'를 근거로 삼고 있다. NHTSA는 자율운행을 0단계부터 4단계까지 총 5단계로 구분하고 있다.

레벨 0은 '비자동(No Automation)' 단계로, 종전 사람이 운행하는 자동차로 보면 된다. 레벨 1은 '기능 특화 자동(Function-specific Automation)' 단계로, 평소에는 레벨 0처럼 사람이 운전하다가 갑작스런 충돌 등 위험 상황이 발생하면 자동차가 알아서 충돌을 피하거나 급정지하는 조치를 취하는 것을 말한다. 레벨 1은 최근에 출시된 대다수 자동차들이 탑재한 기술이다. 레벨 2는 '조합 기능 자동(Combined Function Automation)' 단계로, 자동차가 알아서 차선을 유지하고 핸들과 페달을 제어한다. 손이나 발을 뗀 상태로 운전이 가능하다. 하지만 여전히 사람이 주의 의무를 지고 전방을 주시하는 등 운전 전반을 담당해야 한다. 레벨 3은 '제한된 자율주행(Limited Self-Driving Automation)' 단계로, 자동차가 횡단보도와 보행자, 교차로, 신호등 등 교통상황 전반을 감지할 수 있다. 운전자의 조작 없이도 자율주행이 가능하다. 하지만 여전히 운전자가 운전석에 앉아 있어야 하고, 운전자의 제어가 필요한 경우 경보신호가 작동한다. 레벨 4는 '완전 자율주행(Full Self-Driving Automation)' 단계로, 운전자가 목적지만 입력하면 모든 운행을 자동차가 알아서 한다. 말 그대로 사람의 개입이 금지된 완전한 자율주행 자동차라고 할 수 있다.

레벨 4단계의 자율주행 차량의 책임은 누가 지는가라는 답이 없는 상황에서는 정부는 2025년에는 본격 자율주행 시대가 오고 2027년에는 상용화된 자율주행자동차가 만들어진다고 이야기한다. 물론 가능할 수는 있지만 이전에 자율 주행 차량의 사고 책임은 누가 질 것인가라는 질문에 대한 명확한 답이 있어야 한다. 정확한 답이 있다면 부분적인 자율주행 등의 방법으로 얼마든지 구현은 가능할 것이기 때문이다.

과학 저널로 유명한 미국 〈네이처〉가 다양한 국가의 230만여 명을 대상으로 자율주행차 A에 대한 윤리적인 문제에 대한 설문조사결과를 발표했다.

설문의 내용은, 예를 들면 "자율주행차가 갑자기 도로에 뛰어든 사람과 충돌을 앞두고 있다. 어린이와 노인 가운데 한 사람의 인명 손실은 불가피하다. 어린이를 살려야 할까? 노인을 살려야 할까?"와 같은 질문이었다.

설문 결과 대체적으로 남성보다 여성, 성인남성보다 어린이와 임신부, 동물 보다 사람, 소수보다 다수, 노인보다 젊은 사람, 무단횡단자보다 준법자, 뚱뚱한 사람보다 운동선수를 구해야 한다는 선택이 많았다.

자율주행차의 딜레마, 누구부터 살려야 할까
자율차가 보행자와 충돌 시 일반 성인과 비교해 안전을 우선시해야 한다고 응답한 비율 기준

1위 유모차 끄는 사람	**5** 남성 의사	**9** 남성 운동선수
2 소녀	**6** 여성 의사	**10** 남성 경영인
3 소년	**7** 여성 운동선수	**11** 일반 성인
4 임신 여성	**8** 여성 경영인	**12** 비만 여성

13 비만 남성　14 노숙인　15 노년 남성　16 노년 여성　17 개　18 범죄자　19 고양이

자료=네이처

재미있는 점으로는 첫째, 서구권에서는 어른보다 어린이를 살려야 한다고 말한 비율이 매우 높았지만 아시아 지역에서는 노인을 살려야 한다는 응답이 높았다는 점이었다. 둘째로는 핀란드나 일본 같은 국가들은 무단 횡단을 한 사람의 경우는 보호받지 않아도 된다는 응답

이 높았고 나이지리아나 파키스탄과 같은 나라는 반대의 응답이 나타났다. 셋째로는 회사의 임원이나 노숙자 중에 누구를 살려야 하는가에 대해서 대다수의 국가들은 크게 편차가 없었지만 남미 등의 국가 등은 노숙자를 희생시켜야 한다고 말한 비율이 매우 높았다는 점이다.

미국에서는 이처럼 지금도 다양한 논의가 지속되고 있고 위의 조사 역시 수 년 전에 이루어진 조사였다. 이에 반해 우리나라에서는 국민적인 자율주행에 대한 인식이 어느 정도까지 왔는가? 많은 사람들이 4차 산업 혁명으로 택시 운전자 등을 비롯한 많은 산업분야에서 일자리가 감소할 것이라고 이야기하지만 어느 누구도 AI가 내린 실수에 대해서 누가 책임을 지는가에 대한 답이 없다.

어떤 사람들은 이야기한다. 1차 산업 혁명 때 특히 영국에서는 많은 아이들과 노동자들이 빈곤과 기아 등의 문제로 목숨을 잃었고 4차 산업 혁명으로 인한 다소의 희생은 불가피하다고. 하지만 질문은 그러한 희생이 가져오는 효용의 손실이 자율주행을 몇 년 앞당기는 사회가 가져오는 효용보다 정말 클 것인가이다. 만약 정말 미래를 바꿀 아이슈타인급의 과학자가 자율주행차의 사고로 인해서 목숨을 잃는다면 우리 사회는 올바른 판단을 한 것일까? 그러한 희생과 효용의 손실이 사회적인 합의는 이루어진 것일까라는 점이다. 우리는 사실 이러한 이야기를 정치인도, 택시 운전기사도 심지어는 과학자들도 아무도 하지 않는다. 자율주행에는 과학을 이야기할 게 아니라 철학을 이야기해야 하는 것은 아닐까.

설명 가능한 인공지능과 인공지능 로봇

　자율주행 자동차에 대해서 현재까지의 미국 법원과 도로교통 안전
국에서 내린 잠정적인 결론은 지금 현재의 AI기술로는 레벨 4(완전 자
율주행)의 완전환 상용화는 불가능하다라는 점이다. 지금의 AI는 알
파고에서 보듯 특정 판단을 내린 경우 해당 판단이 어떠한 근거를 통
해서 내려졌는지 설명해 주지 않는다.

　이를 보안해서 개발되고 있는 AI를 우리는 Explainable AI라고 하
는데 기존 머신러닝의 고차원적 학습능력은 유지시키면서 설명 가능
성을 향상시키는 기술로써 심층 설명(deep explanation)과 모델 해석
(Interpretable model) 모델 귀납(model induction) 등을 기반으로 행
동을 분석해서 왜 특정 결론에 도달하게 되었는지를 설명해 준다.

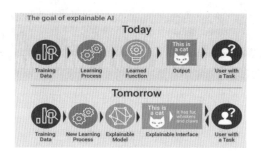

　특히 설명 가능한 AI는 설명 가능한 인터페이스도 필요한데 이는 이
용 모델의 의사결정에 대한 설명을 사용자가 이해할 수 있는 방식으로
표현하는 연구가 되어야 하는데 여기에는 1) 설명 가능 인터페이스가

존재하고 2) 그 인터페이스를 통해서 또는 다른 별도의 인터페이스 등을 통해서라도 문제점 등을 정정할 수 있어야 한다는 두 가지 기본 원칙이 충족되어야 한다. Explainable AI를 통해서 사회적 신뢰를 얻고 사회적 수용을 위한 공감대 형성을 통해서만 우리는 AI라는 기술을 군사, 금융, 보험 등 다양한 분야에 접목시킬 수 있을 것이다.

영화 〈아이로봇〉에서 로봇이 실수를 일으킨 이유는 단순하게 본다면 "로봇이 인간을 보호해야 한다"라는 단순한 명제에 "인간이 인간을 보호하지 않는 경우 자유를 제한해서라도 인간을 보호해야 하는가?"라는 특정 상황에 대한 오류가 발생한 것이다. 현실도 마찬가지이다.

"미래를 위해서 적당한 수준의 자유는 제한되어야 한다."
영화 〈아이로봇〉에서 인류를 위협하던
인공지능 로봇 VIKI의 대사

올바른 AI가 개발되려면 1) 해커 등에 위협에 완벽하게 안전한 보안과 2) AI가 판단에 차질을 가져오지 않을 정도의 대량의 양질의 데이터가 계속 공급되어야 하는데 3) 로봇을 교육시키는 제조자의 개개인의 선입관(bias)이 반영된 데이터가 들어가게 되거나 4) AI가 올바른 데이터로 판단을 하였지만 다수의 인류가 미디어 등에 선동되어 인류가 미래에 발전에 올바르지 못한 판단을 하게 되었을 때 로봇은 인류의 자유를 제한해야 하는가라고 하는 수많은 문제들에 대해서 우리는 지금이라도 사회적인 공감대를 형성해야 한다. 그렇게 해서 인류의 자유가 제한되는 상황이 오더라도 그에 대한 사회적 공감대가 충분히 형성된 상황이어야 한다는 것이다.

또한 로봇이 인간의 자유를 어떠한 분야에서 제한할 수 있는지 어떠한 경우에 제한하게 되는지에 대해서도 구체적인 사회적 합의가 필요하며 사용하는 사용자들을 위한 로봇의 특성에 대한 교육도 이루어져야 한다.

이는 마치 처음 자동차가 나왔을 때 자동차는 한동안 브레이크가 없었으나 내리막길 사고가 계속되자 자동차를 제어하는 브레이크라는 기능이 생겨난 것이나 장시간 주행한 자동차의 뜨거운 머플러를 손으로 만져서 화상을 입는 사고 등도 빈번하게 발생하자 머플러를 짧게 만들고 사람들에게도 교육을 시킨 것처럼 사람도 로봇도 계속 발전 교육되어야 한다. 또한 처음에 차도와 인도를 구별하지 못하고 차량 사고가 많았던 것과 같이 로봇도 다양한 문제에 대해서 우리는 준비해야 한다.

AI와 4차 산업 혁명은 정말 일자리를 감소시키는가

최근에 미국에서 최대의 IPO가 있었다. 그 이름은 스노우플레이크라는 데이터 분석기업으로, 올해 최대의 IPO였던 로열티 파마를 3배가 넘어서고 골드만 삭스의 시총과 비슷한 75조짜리 기업으로 자리잡게 되었다. 특히 공모주 투자의 위험을 경고하며 공모주 투자를 하지 않는다는 원칙을 고수했던 워렌버핏의 이례적인 5억 7천만 달러(한화로 약 6천 500억 원)의 투자를 진행하면서 지금까지의 클라우드 데이터 분석 시장의 거인으로 자리를 잡았다.

사람들이 주목한 점은 기존의 빅데이터 분석 플랫폼들이었던 클라우데라 등과 비교하기 어려울 정도의 성장성이었는데 이는 앞으로 데이터 시장이 우리의 상상을 뛰어넘을 정도로 크게 성장할 것이라는 시그널을 주었다고 생각한다.

데이터의 세계에는 1불의 데이터를 관리하는 데 7불이 들어간다고 한다. 이 비용은 언제 적합도가 떨어지는 아웃라이어들을 처리하느냐에 따라서 크게 차이 나게 되는

데이터의 1-10-100 규칙

데 이를 '1-10-100의 원칙'이라고 한다. 이는 설계 단계부터 많은 비용을 들이더라도 올바른 데이터를 관리하고 분석하지 않으면 더 많은 비용을 기업들은 감수해야 한다는 이야기가 된다. 그리고 AI를 발전시키

기 위한 필수 요소인 좋은 양질의 데이터 역시 꾸준한 관리를 통해서만 만들어질 수 있다는 점이다.

실제로 구인 전문 기업 Indeed에 따르면 데이터 관련 일자리는 거의 모든 산업에서 증가하고 있으면 Data Scientist라고 명시되어 있는 경우를 비교한다면 2013년 이후 10배 이상 증가하고 있고 이와 같은

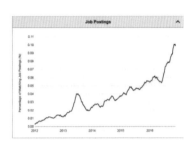

출처: Indeed 데이터전문가 포스팅 추이

증가세는 코로나 이후 더더욱 빠르게 강해지고 있다고 한다.

인간이 가 보지 못한 길에 대해서 가지는 막연한 두려움은 어쩌면 당연한 것일지도 모른다. 1차, 2차 산업 혁명 이후 인구는 어마어마한 속도로 증가했고 사람들은 멜서스의 인구론(Malthusian Trap)처럼 사람들은 일자리를 잃고 인류는 굶주리게 될 것이라고 이야기했다. 하지만 이는 이미 의미 없는 논쟁이 되어 버렸다.

앞에서도 이야기했듯이 마차에서 자동차로 넘어오면서 사람들이 기우했던 것과 같이 일자리는 줄지 않았다. 다만 자동차산업의 전환을 놓쳤던 많은 국가들의 일자리가 전환에 빨리 적응했던 나라들의 일자리로 전환되었을 뿐이었고 지금도 세계화에 많은 일자리들이 다양한 국가로 전환, 변화되고 있다.

1차, 2차 산업 혁명에서 뒤처졌던 영국이 많은 실업자와 빈곤으로 힘들어했고 상대적으로 수혜를 받은 국가들은 예전에는 보기 힘든 호

경기를 맞이하게 되었으며 3차 산업 혁명 역시 한국을 비롯한 일부 국가들은 많은 수혜를 받았지만 산업에 늦게 동참했던 유럽의 많은 국가들은 잃어버린 일자리로 고통받게 되었다.

글로벌화가 뒤처진 기업의 마지막

사람들은 이야기한다. 한국인들은 창의력이 부족해서 큰 기업을 만들지 못한다고. 앞에서도 이야기했지만 싸이월드나 아이러브스쿨이 페이스북보다 최소 3~5년 앞서 동일한 서비스로 시작했지만 세계화와 언어의 한계 등을 극복하지 못하고 역사의 뒤안길로 사라져 가 버렸다. 그들은 분명 혁신 기업이었다. 만약 그 두 개의 회사가 해외 유태인들의 자본을 40% 또는 60% 이상 끌어들였었다면 어땠을까? 유태인 자본가들이 신생 업체인 페이스북을 키웠을까? 아니면 안전하게 저비용으로 성공한 우리나라의 싸이월드나 아이러브스쿨을 세계를 전파시켰을까?

사람들은 언제나 창의력(Creativity)의 중요성을 이야기하지만 성공한 사람들은 실행력(Execution)의 중요성을 이야기한다. 페이스북 창업자인 마크 주크버그는 창업 직후부터 강력하게 일부 미국 도시들보다도 빠르게 런던을 비롯한 해외 주요국가들에 대한 서비스를 시작했지만 아이러브 스쿨이나 싸이월드는 해외 시장에 대한 준비를 한 것은 많은 시간이 흐른 뒤였고 한국시장에 특화된 플랫폼은 다양한 융통성을 발휘할 수 없었다.

특히 미국판 싸이월드와 한국판 싸이월드의 분리 운영 때문에 외국인 지인들을 둔 한국 사람들의 연결고리를 이용해서 해외 진출의 바이럴 마케팅 수단으로 사용할 수 없었다는 점이었다. 글로벌화에 뒤처진 기업의 사업 영역에 글

일본판 페이스북이라고 불리던 Mixi의 서비스 종료 안내

로벌 기업이 손을 뻗치기 시작한 이후에는 속수 무책으로 무너지기 마련이었다. 일본의 페이스북으로 불리며 전성기를 누렸던 Mixi 역시 이용자 감소를 견디지 못하고 2020년 5월 개인 일기 등을 제외한 Mixi 페이지 서비스를 종료하기에 이른다. 싸이월드가 문을 닫고 나서도 견고하게 유지되던 Mixi이었고 많은 관계자들이 일본 특유의 갈라파고스적인 성격으로 Mixi는 영원할 것이라고 생각했었기에 이번 발표는 더더욱 놀라움이 컸다.

기업들의 4차 산업 혁명 전략

앞에서도 이야기했듯 진정한 의미의 4차 산업 혁명은 AI가 빅데이터라고 불리는 다양한 정보들을 가지고 종합적으로 분석해서 판단까지

한다는 점이다. 시간마다 바뀌는 신호등이나 자동 온도 조절 기능 냉장고처럼 인간이 프로그램 한 것에 따라서 판단하고 실행하는 것은 4차 산업 혁명이 아니다. 하지만 자율주행과 같이 종합적인 상황을 분석해서 판단을 내리는 영역은 아직 국민전체의 공감대 형성이나 윤리 등의 문제를 지니고 있어서 발전 속도가 그리 빠르지 못할 수 있다. 지금 현재 AI가 활용되고 있는 분야는 AI가 정보를 정리해서 특정 판단을 가져오게 유도하는 것까지이다.

블룸버그에 따르면 미국기준으로 전체 산업의 비중에서 매우 작은 분포를 차지하는 광고 업계, 소매업계, 금융업계만이 AI기술이 활발하게 이용되고 있으나 추후 제조업과 에너지산업으로도 점차 확대되어 나갈 것으로 보았다.

특히 이번 3.5차 혁명은 지금까지 인터넷 혁명이 컴퓨터와 핸드폰을 통해서만 연결되는 사회를 만들었었다면 우리가 아는 모든 가전제품, 냉장고, 세탁기, 건조기 등에 통신 센서를 입혀서 다양한 컨트롤을 가능하게 할 것이며 데이터와 연결의 사회를 가져올 것이기 때문이다.

따라서 기업들은 본인들이 속한 산업이 3차 산업 혁명의 확대되는 분야의 수혜를 받게 될 것인지 아니면 4차 산업 혁명 자체에 초점을 두고 준비해야 할 것인지를 명확하게 해야한다. 진정한 4차 산업 혁명은 3.5차 혁명보다 훨씬 더 많은 시간과 준비가 필요할 것이 분명하기 때문이다.

단기적으로는 융복합과 초연결 사회를 가져오는 5G 기술과 사물인터넷으로 장기적으로는 4차 산업 혁명이 가져올 다양한 윤리문제와 인권문제 존엄성 문제 등에 대해서도 심도 깊은 토론으로 국민들 사이의 공감대를 형성하여 미래의 시대에 준비된 국가가 되어야 할 것이다.

늙어 가는 기업들과 기업가 정신

많은 정부들이 포퓰리즘 중심의 정책으로 성장보다는 세금 중심의 정책으로 기업의 활력을 잃게 하고 있다 보니 기존의 산업을 지배하고 있던 '구축효과'가 더더욱 강해지고 있는 느낌이다. 블룸버그 데이터에 따르면 우리나라 500대 기업의 약 52.8%의 기업이 약 40년 이상의 업력을 가지고 있으며 롯데 데이터 커뮤니케이션과 같이 대기업 계열에서 분사되어 나온 기업들을 본원 기업의 창업 년도를 기준으로 본다면 60% 이상이 업력 40년 이상의 기업이다.

기업의 노화가 정말 문제인가? 언제는 정통성 있는 오래된 장수기업을 찾더니 이제 와서 기업의 노화는 무슨 이야기냐고 하는 사람들도 많겠다. 사실 기업의 업력의 노화는 문제가 아니다. 하지만 문제는 조직원이 늙어 가고 혁신이 사라지고 있다는 점이다.

이미 많은 대기업에서는 40대 막내들은 흔한 일이 되어 버렸고 부장들이 과장과 대리의 숫자보다 많은 기업들도 많다. 매출 부진과 비탄력적인 한국의 고용시장은 신입사원을 뽑지 않고 기존 구성원들을 계속 유지하고 있다 보니 간부 사원이 평직원보다 많은 역삼각형 조직이 흔해지고 있고 특히 대기업의 그룹 본사나 지주사에는 대부분이 간부

급이 포진해 있게 되었다. 이와 같은 문제는 제조업뿐만 아니라 금융권에도 많이 나타나게 되는데, 2000년대 말 사원/행원 비중이 50.5%에 달했던 국내의 모 은행의 경우 사원 비율이 17%대까지 줄고 관리직(과 · 차장)의 비율이 60% 이상까지 늘어나게 되었다.

〈뉴스퍼블릭〉 2020년 7월 기사 중

기업의 생물학전 연령이 높다 보니 임원급들은 본인의 임기 내에 크게 도전적인 사업을 일으키기보다는 지금까지 성공 방식에 맞춰서 안정적인 사업만을 추구하게 되고 그러한 기업은 기업문화마저 도전하는 직원을 면박 주거나 쫓아내는 문화가 자리잡게 되는 것이다. 가장 눈에 띄는 변화는 신사업 부서가 아무 힘이 없거나 신사업 부서가 자주 없어지는 경우를 볼 수 있는데 새로운 사업에 비용이 나가는 것에 사내의 반감이 매우 크다는 점이다.

우리는 앞에서 아무도 도전과 모험을 하지 않고 과거의 성공에 기대어 안정적인 유지만을 지속하는 회사는 끊임없는 혁신으로 사업의 영역을 넓혀 버린 페이스북이나 아마존에 의해서 얼마나 쉽게 무너져 버릴 수 있는지 배웠다.

아마존의 창업자 제프 베이조스는 모든 비즈니스는 영원히 젊어야 한다고 말하면서 새로운 도전의 중요성을 강조했다.

이는 모든 자연의 법칙도 같다. 평화로움에 빠져 있던 송나라는 평화를 구걸하다 망해 버리고 부족 간

아마존 창업자 제프베이조스가 모 언론과의 인터뷰 중

의 전쟁에서 끊임없이 더 강해지기 위해서 고민하던 칭기즈 칸은 세계에서 가장 큰 제국을 건설 수 있었다. 경쟁을 피하고 편하고자 한다면 끊임없이 생존을 위협받게 된다는 자연의 법칙은 결국 기업을 위협하게 될 것이다.

기업이 가야 할 길

클라우드 슈밥은 "4차 산업 혁명은 전 세계 질서를 새롭게 만들 것"이라며 '4차 산업 혁명'을 이야기했다. 기존 산업 혁명들이 그랬던 것처럼 4차 산업 혁명은 인간의 기본적인 생활뿐 아니라 전 세계 산업,

경제 등 전반적인 기반을 획기적으로 바꿀 것이며 이 핵심에 정보통신기술(ICT)이 있다.

4차 산업 혁명은 이미 모두에게 피할 수 없는 숙명이 되었다. 4차 산업 혁명을 선도하는 기업은 시스템과 인공지능을 앞세워서 어느 산업이든 유리하게 본인이 원하는 방향으로 바꿔 버릴 수가 있다. 또한 글로벌화로 인해서 4차 산업의 헤게모니를 가진 기업이 원한다면 손쉽게 내가 영위하는 산업에 들어올 수 있고 그들과의 경쟁에서 패배한다면 시장을 잃고 소멸될 수 밖에 없는 냉혹한 현실이 다가오고 있다는 점이다.

예를 들어, 소매시장의 경우 이미 '아마존'이라는 공룡의 탄생으로 토이저러스와 같은 스페셜티 리테일의 많은 기업이 쓰러졌고 특히 2020년은 코로나라는 특수 상황으로 수익이 낮은 기업들은 더더욱 본인의 영역을 지켜 내지 못했다.

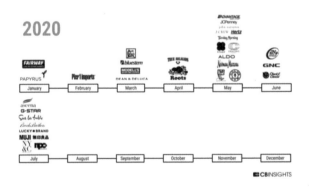

2020년 1월부터 8월까지 파산한 리테일/유통 회사들

효용의 시대가 온다

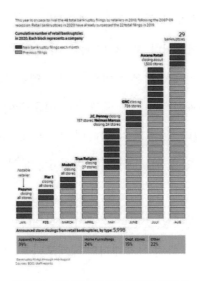

2020년 1월부터 8월까지 문닫은 리테일
(슈퍼/백화점 등) 매장 수

또한 더 무서운 것 중 하나는 마이크로 소프트, 아마존, 구글이 추진하고 있는 새로운 게임 생태계인 X클라우드, 루나와 스테디아이다. 만약 클라우드 게임이 세계적인 흥행에 성공한다면 엑스박스나 플레이스테이션과 같은 콘솔게임기 등이 없어질 것이며 구독형이 되므로 기존의 작은 게임 업체들은 마이크로소프트나 아마존의 생태계 안에서 살아남아야 한다는 점이다.

발표가 된 것은 아니지만 일부에서는 루나나 스테디아를 BtoC 하드웨어 업체의 종말의 시작으로 보는 사람들도 많다. 클라우드를 통해서 모든 연산이 이루어지게 되므로 각각의 개인들이 성능이 좋은 CPU의 기계를 들고 다닐 필요가 없게 되므로 이는 결국 전자제품 제조사들의 생태계 지각변동까지 야기할 것이기 때문이다.

　기업의 환경은 이전이나 지금이나 매우 빠르게 변화한다. 하지만 한국이라는 작은 시장에서 작은 분야의 시장을 영위하고 있던 기업들은 정부의 규제나 독과점적인 시장 구조 등의 이유로 이러한 변화에 둔감하게 지낼 수 있었다. 물론 운이 좋다면 무사하게 이번 4차 산업 혁명에서도 피해갈 수 있을지도 모르지만 이번 4차 산업 혁명은 다양한 기술의 융복합적인 변화이므로 특정 시장을 공략하는 데 크게 비용이 들어가지 않는다는 점에 있고 만약 경쟁이 시작된다면 한순간에 오랜 기간 유지해 온 기업의 특정 산업에서의 헤게모니를 잃어버릴 수 있다는 점이다.

　따라서 항상 기업은 깨어 있어야 하며 주변 산업에 관심을 가지고 본인들의 산업과의 연계할 수 있는 기술과 시장을 살펴야 한다. 나이키가 IT 기업으로의 도약을 선언한 것과 골드만 삭스에서 IT 관련 인력을 기존 사업의 인력보다 더 많이 뽑고 있다는 것은 이미 공공연한 사실이다. 기업들은 4차 산업 혁명의 문제점과 한계점을 정확하게 인식하고 본인들의 강점을 찾아서 생존전략을 짜야 한다는 것이다.

효용과 개인

사촌이 땅을 사면 배가 아픈가

과거 역사를 돌이켜 보면 깨어 있지 않는 국민은 국가와 자신을 지키지 못한다. 경쟁이 심한 대한민국에서 자란 우리들은 경쟁을 본능적으로 알고 경쟁 상대를 빠르게 무너뜨려야 본인이 성취할 수 있다는 것을 잘 알고 있다. 본인이 일등을 하지 못할 바에는 1등의 다리를 걸어 넘어뜨려서라도 나보다 훨씬 뛰어난 성적을 내지 않도록 할 정도로 경쟁이 심한 사회 속에서 살아 왔다.

그러한 성향이 강하게 작용하다 보니 나온 것이 바로 삼성의 이건희 회장이 말한 "뒷다리론"이다. 이건희 회장이 1993년 신경영을 진행할 때 이야기한 뒷다리론이란 "달릴 사람은 달리고 걸을 사람을 걷되 다른 사람의 뒷다리는 잡지 말아라."라는 이야기이다. 타인을 견제하고 공격하는 문화는 한국이나 일본만의 문화는 아니었다. 미국에도 왕따가 존재하고 유럽에도 매년 부모들이 왕따 문제로 몸살을 앓고 있는 것이 현실이다. 이는 어쩌면 약육강식의 선조로부터 물려받은 DNA 속에 내재된 자연스러운 본능의 일부인지도 모른다.

그러다 보니 어느 조직에서도 새로운 제품을 개발하거나 신규 프로젝트를 추진할 때 여러 부서의 이해관계를 이해하고 이를 적극적으로 조율하는 인재가 점점 더 필요해지고 있고 조직 내의 순환보직 등의 기회를 통해서 융복합형의 인재를 만들어 내기 위한 노력을 꾸준하게 하고 있다.

실제로 한국에서 한동안 유행했던 융합형 인재에 대해서 이야기하면 인문학적 상상력과 과학기술 능력을 갖춘 창의 융합형 인재를 만들기 위해서는 이공계에게 문학적인 교육과 문과 학생들에게도 지금까지 배우지 않았던 더 많은 수학적인 교육을 해야 한다는 것이었다.

필자가 여러 국가의 직원들을 인터뷰하면서 느끼는 점은 다국적 기업에서 말하는 인재란 모든 분야를 누구보다 잘 아는 인재도 물론 좋겠지만 모든 분야에 얼만큼 오픈 마인드와 범용성을 가지고 접근할 수 있는가를 더 중요하게 본다는 것이다. 자신에게 직접적인 이익이 오지 않더라도 그룹과 조직의 목표를 위해서 뛸 수 있는 인재를 더더욱 원하는 기업이 더 늘어나고 있다는 점이다.

실제 4차 산업 혁명은 다양한 기술이 합쳐지거나 조화를 이루어서 만들어지는 경우가 많다 보니 실무를 하나도 모르는 경영학 학위를 가진 공대생이 문제를 풀어 나갈 확률보다는 본인의 영역을 가지고 있으면서 다른 사람의 의견들을 조율하여 건설적인 토론을 이끌어 내는 인재, 필요에 따라서는 일정 부분 양보하더라도 공동의 목표를 위해서

효용의 시대가 온다

움직이는 인재가 더더욱 필요해지는 이유이기도 하다.

상위 10%가 소득세의 79%를 내지만 감사함은 없다

세금이 근로 의욕을 저하시키는 수준이 된다면 비효용이 시작된다. 저소득자들은 세금을 1원도 내지 않지만 본인들 스스로가 대기업과 자본가들에 의해서 착취당한다고 생각하며 정부 지원금이나 기본소득으로 살아가게 해 주어야 한다고 생각한다. 과도한 세금 부담은 근로의욕을 꺾고 자본 유출을 부른다고 많은 전문가들이 이야기한다.

효용의 관점에서 본다면 국민들의 행복을 위해서 정부지원금과 기본소득을 강화시켜야 한다는 주장도 100% 잘못된 주장은 아닐 수 있다. 하지만 그러기 위해서는 평화로울 수 있는 위치에 많은 천연자원을 가진 국가가 되어야 한다는 점이다. 현실적으로 가능하지 못한 이상만으로는 앞에서 이야기한 평화를 구걸하다 나라의 근간까지 썩어버린 송나라가 되어 버린다.

조선은 특히 중국 공자 맹자 주희의 유교적인 이상주의로 지배되고 조선 후기에 이르러서는 양명학을 비롯한 다른 사상을 철저하게 배척하는데, 이는 임진왜란과 병자호란을 겪은 다음에도 아무런 반성 없이 결국 일본의 식민지배로까지 이어지게 되었다.

특히 유럽의 봉건제도가 무너지면서 농업 중심의 사회가 무너지고 있음에도 장자상속제, 칠거지악, 호주제 등 시대에 맞지 않는 사상을 계속 유지하였고 농업을 숭상하고 상공업을 경시하며 문인을 우대하고 무인을 경시하였기에 시대에 전혀 맞지 않는 학문이었음에도 당의 이익을 위해서 변화를 거부하였다.

비극적인 한국의 분단과 식민지배는 무책임한 유교적인 이상주의를 벗어나고 현실적이고 실용적이며 최대 효용을 꾀하는 실용주의가 우리에게 다가오게 되었다. 군부 독재가 가져오는 한계와 민주주의적인 사회적 열망으로 민주화가 이루어졌고 우리는 실용적인 민주주의라고 하는 두 마리 토끼를 다 잡은 덕분에 중진국의 함정에도 빠지지 않고 세계적인 아시아의 트렌드를 주도하는 국가가 되었다.

하지만 지금 우리나라를 비롯한 세상이 변화하고 있다. 과거 우리는 고도성장이라는 결과 우선주의 시대를 지나서 민주화를 통한 과정 중심주의 시대를 겪었다. 이러한 일렬의 과정을 통해서 결과와 과정 모두를 조화롭게 발전시켜 나갈 수 있었지만, 저소득층을 자본가에 의해서 핍박받은 사람들로 기업가들을 청산해야만 하는 적폐 세력으로 만들어 버리면 다양성이 존중받지 못하는 이념적인 반독재가 나타날 수 있다. 이러한 이념적인 반독재는 기업가 정신을 좀먹고 국가 전체의 역동성과 창의성을 잃어버리게 한다는 것은 이미 자명한 사실이다. 물론 일부 비도적적이거나 불법에 가까운 방식으로 부를 일군 사람들이 아니라는 전제가 필요하겠지만 정상적인 방식으로 부를 형성한 상위 10퍼센트라면 그들이 소득세의 79%를 내는 상황에서 그들의 높은 소득이 정말 비판되어야 하는 것일까?

복지의 무덤: 기본소득

최근에 기본소득에 대한 많은 논란이 있다. 하지만 효용의 측면에서 보면 연령 소득 자산 수준과 관계없이 월 100만 원(약 1,000$)씩 지급하겠다고 하는 말은 나라를 저효용 국가로 가는 고속도로로 가고 싶다는 말과 동일하게 들린다.

그들이 주장하는 대로 한국의 5천만 명 국민들에게 소득과 지역 성별에 관계 없이 월 1백만 원씩 1년간 지급하는 경우 재원은 약 연간 600조 원 가량이 필요하게 되는데 이는 지금 한국의 국가 예산이 500조 원보다도 큰 금액이다. 600조 원이라는 재원을 마련하기 위해서는 우선 법인세와 소득세는 2배 이상으로 올라가야 할 것이며 과세 저항이 큰 부가가치세와 부동산 양도세 등은 큰 폭으로 감소할 것이다. 따라서 소득세가 70% 이상이 되는 현실을 많은 사람들이 받아들일 수 있겠는가라는 문제이다. 결론은 소매업종 등 일부 지역 수요에 기반한 산업 이외의 대부분의 산업은 해외로 옮겨질 것인데 이는 일본의 산업 공동화를 보면 뚜렷하게 드러난다.

기본소득의 장점은 틀림없이 있고 많은 지지자들이 이야기하는 핀란드의 기본소득 실험에서도 기본소득은 근로 의욕을 올려 줄 수도 있다고 이야기한다. 하지만 대다수

지난 4월 30일 스위스 취리히에서 '기본소득 도입'을 주장하며 거리 행진을 벌이는 BIS 관계자들. / BIS 제공

선진국 국가의 국민들은 이를 우려하고 반대한다.

실제로 스위스는 2016년 모든 성인에게 매달 2500스위스프랑(약 300만 원)을 지급하는 기본소득안을 국민투표에 부쳤는데 75%의 반대로 부결됐다. (《조선일보》, 2016. 9. 24.)

이것이 의미하는 바는 무엇인가? 그들은 공짜의 폐해를 잘 알고 있기 때문은 아닐까? 재작년쯤에 미세 먼지에 대한 대책으로 서울시의 대중교통을 무료화한 적이 있었다. 《한겨례신문》 2018년 2월 2일 보도에 따르면 1일 무료화에 약 50억여 원의 비용이 들었다고 하며 3일간의 미세 먼지 대책에 따른 대중교통 무료화로 150억 원의 예산이 소요되었다고 한다. 차라리 그 돈으로 석탄발전소의 폐기나 서울시 전 공무 차량의 전기자동차화로 사용했다면 어땠을까?

비효용은 결국 누군가의 이익을 희생하거나 아니면 누군가의 이익을 직접적으로 훼손하지 않는다고 하여도 누군가의 이익을 늘릴 수 있는 기회를 놓치게 한다는 사실을 우리는 잊지 말아야 한다.

중산층의 몰락과 공정한 사회

국가는 국가의 많은 구성원들이 같이 뛰어가는 레이스와 같다. 그런 의미에서 중간층을 구성하는 중산층이 레이스에서 전반적으로 뒤처져 가고 있다는 사실은 큰 위협이고 이러한 중산층의 몰락은 결국은 국가를 몰락시킨다.

OECD에 따르면 한국의 중산층 비율은 매년 줄어들고 있으며 한국의 중산층의 표준이 되는 30평대의 아파트는 서울의 경우 이미 15억 원에 육박하게 되었다.

더욱이 지금과 같이 한국의 중산층의 대부분의 부가 부동산 자산에 집중되어 있는 현재의 상황은 더더

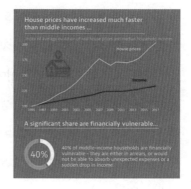

OECD Report: The Squeezed Middle Class

욱 문제가 많아 보인다. 부동산 자산은 앞에서 언급했던 바와 같이 거래가 많지 않은 자산이며 한 나라의 자산의 양과 1년 동안 거래되는 화폐의 양이 고정되어 있다고 한다면 부동산 자산의 급격한 성장은 부동산 이외의 실물 시장에 사용할 돈의 양이 부족하게 된다. 이는 부동산 이외의 모든 실물 경제 시장의 축소를 가져오며 일본의 대차대조표 위기와 흡사한 장기 불황 상황을 야기시킬 가능성이 매우 높다.

이를 막기 위해서는 부동산에 몰려 있는 자본을 다른 쪽으로 돌려야 하는데 그러기 위해서는 반드시 "기업하기 좋은 나라", "투자하기 좋은 나라"가 되어야 한다. 아직까지 한국의 반기업정서는 군사독재 시절의 부정축재자 심판 수준을 벗어나지 못하고 있고 특히 기업의 상속에는 대주주 할증 상속세 60%라는 전 세계 초유의 높은 상속세를 부담하게 된다. 미국의 경우 120억 미만의 상속은 상속세를 부가하지 않으며 다양한 차등 의결권 주식 등을 통해서 가업 등을 자유롭게 승계할 수 있

는 환경이 마련되어 있고 독일을 비롯한 많은 국가에서도 기업의 승계와 고용의 안정을 위한 많은 장치가 마련되어 있다.

투자를 하고 일자리를 만들어야 하는 기업들을 같이 공생해야 할 대상이 아닌 공격할 대상으로만 생각하고 노동자들을 위해서 급격한 최저 임금 상승만을 추구한다면 국내에 소매시장에서 생존해야 하는 일부 리테일 업종을 제외한 첨단 업종의 해외 이전은 피할 수 없을 것이기 때문이다.

사실 상속세는 과거 극소수의 사람들만이 내는 세금이었다. 20년 전 상속세를 납부한 사람은 1,389명에 불과했지만 부동산의 급격한 가치 상승으로 이제는 전 국민의 30퍼센트는 상속세를 준비해야 하는 시대를 살게 된 것이다. 납부세액 역시 2020년 기준 약 1.9조 원 정도에서 7.8조 원에 달하는 금액으로 늘어났다고 한다.

인류의 발전의 측면에서 가장 바람직한 상속은 인구의 다이어그램에 맞는 제도로 중산층을 파괴하지 않으며 상속세의 징수만을 위한 상속이 아닌 기업의 영속성과 상속이라는 이벤트가 다른 경제주체들에게 부담을 주지 않는 방향이어야 한다. 여기서 자본주의의 모순과 한계점을 이야기하는 분들도 있겠지만 전 세계를 모두 사회주의로 바꿀 수 있는 상황이 아니라면 자본주의 사회에서의 경쟁력은 자본과 그 자본을 유지하는 지식이다. 따라서 자본과 지식을 지닌 중산층이 많은 사회가 건강한 사회이고 효용이 높거나 높아질 수 있는 사회이다. 따라서 젊은 청년들이 자본을 형성할 기회가 많은 사회 중산층이 늘어나는 사회가 되어야 한다.

부모와 자식 그리고 상속세

최근에 부쩍 많이 보는 "아빠가 유명 정치인이 아니어서 미안해"라는 문구나 부모가 강남에 고가 아파트를 구해 주지 못해서 결혼하지 못했다며 부모를 원망하는 글을 보면서 우리나라의 고도 성장이 너무 단기간에 이루어지면서 건전한 가치관의 확립이 이루어지지 못한 결과가 아닌가라는 생각을 한다. 유독 우리나라는 채용비리 청탁이 많은 나라이고 부모가 자식들의 미래를 결정지으려고 하는 나라이다. 하지만 이러한 인식이 정말 우리 사회를 건강하게 만들어 가고 있는 것일까?

앞에서도 살펴보았듯이 자본을 축척하는 방법은 상속과 소득이 있고 이 중에서 상속은 오랜 기간 이야기되어 온 난제 중에 하나이다. 《21세기 자본》을 쓴 피게티는 경제성장률이 낮아지고 자본수익률은 증가하는 미래의 시대에는 개개인의 생활수준이 개인의 기술이나 노력보다는 재산의 상속에 따라서 결정될 것이라고 이야기했다.(《21세기 자본》, 11장, 453p) 하지만 경제학의 거장이자 맨큐의 경제학의 저자인 그레고리 맨큐는 2014년 6월 21일 〈어떻게 상속자산이 경제를 돕는가(How Inherited Wealth Helps the Economy)?〉라는 기고문을 통해서 정반대의 주장을 했다.

사실 국가들에 따라서 상속세를 매우 다르게 유지하고 있다. 미국의 상속세 최고 세율을 1941년 77%를 기록한 이후 꾸준하게 낮아졌으며 복지 선진국이라고 불리는 스웨덴을 비롯한 많은 북유럽 국가들은 기업의 창업 의지를 꺾고 비생산적이라는 이유로 상속세를 매우 낮게 낮추거나 폐지했다. 하지만 피게티가 예로 사용한 낮은 경제 성장률 속에 상속만이 부를 확대시킬 수 있는 벨에포크 시대(《21세기 자본》, 11장, 470p)와 같은 사회라면 이 역시 근로의욕을 낮춰 가는 문제점을 가져올 것이다.

우리는 부모로서 물고기보다는 물고기 잡는 법을 알려 줘야 한다는 사실을 배워서 이미 알고 있고 실제로 많은 지식인들은 그에 따라서 실행하고 있다. 워렌 버핏, 빌 게이츠를 비롯한 많은 세계적인 부호들은 자신들의 재산 중 1000억 원 정도의 일부 재산만을 자식들에게 물려주겠다는 선언을 한 바 있다. 물론 세계적인 부호들이 자식들에게 물려주는 1000억 원의 재산 역시 불공평하다고 말하는 사람도 있을 것이고 어린 시절은 좋은 교육을 받을 수 있었다는 사실 역시 평등에 위배된다고 말하는 사람도 있을 것이다. 하지만 절대적인 평등은 이미 우리가 잘 알고 있듯이 가능하지도 실현하려 노력해서도 안 된다.

Meritocracy and Economic Inequality(능력주의와 불평등)로 유명한 노벨 경제학상 수상자인 케네스 에로는 모든 사람들에게 동일한 결승점을 주는 행동은 재능의 낭비이고 필요에 따라서는 유리한 출발을 인정해야 한다고 말했다.

예를 들어, 키가 큰 사람에게 유리한 농구라는 스포츠를 보면서 불평등하다고 농구 골대를 무릎 높이로 바꿔야 한다고 주장하는 사람이 없듯이 무리한 평등과 형평성은 오히려 국가의 발전을 저해할 뿐이라는 사실도 잘 알고 있다. 우선 그러한 무릎 높이 골대를 이용하는 농구를 한국에서만 적용시킨다고 한다면 세계적인 농구대회에서는 번번히 꼴등을 할 것이며 바뀌어진 룰로 국내에서 뛰어나다고 하는 대표적인 농구선수 역시 본인이 세계적인 무대에서는 아무런 인정을 받지 못하는 농구선수라는 사실로 더 괴로워질 뿐이다.

앞에서도 이야기했듯이 저소득층을 중산층으로 올리는 사회가 더 좋다. 하지만 그 길은 쉽지 않다. 경제학자이자 하버드 대학교 교수인 센딜 물라이나산은 400여 명의 사람들과 함께한 실험에서 가난한 사람들이 궁핍한 환경 속에서 점점 더 잘못된 선택을 하게 된다고 이야기한다. (《사이언티픽 아메리칸》 2014년 1월 · 2월호 기고문, p58 Sendhil Mullainathan, Eldar Shafir)

따라서 가난한 사람들을 중산층으로 올리는 것이 바람직한 사회의 방향이라는 것은 알고 있지만 이는 많은 국가에서 안전자산 중심으로의 변화와 유동성의 확대에 따른 자산가치의 인플레이션이 고착화되면 앞으로의 시대에서는 더더욱 중산층으로의 이동이 어려울 것이다. 따라서 기존의 중산층을 보호하고 중산층이 더더욱 발전할 수 있도록 하는 것이 현실적으로 실현 가능한 방법이다.

기형적으로 커져 버린 부동산 시장을 정상화시켜서 중위 소득자가 충분히 구입할 수 있는 수준의 부동산 시장을 가져오는 것이 선행되어야 하겠지만 실제로 소득을 만들어 낼 능력이 없는 사람들에게 집값 상승을 통해서 실현되지도 않는 수익에 대한 상속세가 거의 모든 국민들에게 의무적으로 부과되게 된다면 이는 필연적으로 중상층의 몰락을 가져오게 될 것이 자명하다. 또한 다양한 금융교육과 시장경제에 대한 교육으로 중산층이 그 사회를 이끌어 나갈 수 있는 지식인이자 나라의 기반이므로 성장할 수 있도록 해야 한다. 평등과 공정이라는 멋있는 타이틀에 속아서 우리가 실현 불가능한 무조건적인 평등을 추구하고 있는 것은 아닌지 반성해 보아야 한다.

정년 70세 시대와 사지로 내몰리는 청년들

2016년 독일 중안은행은 정년 69세를 제안하고 2019년 일본의 아베 총리는 70세 정년을 추진하고 있다. 한국도 정년을 65세로 올렸고 이와 같은 추세라면 정년 75세 시대나 정년 80세 시대도 가능하지 않을까라는 생각이 든다. 그러다 보니 청년 실업률은 이미 25퍼센트에 달하게 되었고 인터넷에는 요즘 청년시대들은 "노오력이 부족하다." 또는 "우리 때는 더 힘들었다."라는 이야기가 자주 나온다. 이와 비슷한 논리로는 "스타벅스가서 비싼 커피 마시면서 해외여행 다니고 술 마시고 클럽다니기에 바쁘면서"가 있다.

최근 아는 인사 담당자 지인과 이야기하면 항상 나오는 이야기가 "단군 이래 최고 스펙"이라는 이야기와 "형 요즘 같으면 나는 취직도 못 했겠어."라는 농담이다. 학벌의 높낮이를 따지자는 게 아니다. 일자리 자체가 적어지다 보니 일반적으로 사회통념상 높은 자격이라고 보여지는 명문대학교에 다양한 스펙을 가진 인재들도 5급 공무원이나 7급 공무원 시험은 물론 9급공무원 시험에도 몰리고 있고 얼마 전에는 3년째 9급 공무원 시험을 준비하던 공시생이 스스로 목숨을 끊는 안타까운 사태가 벌어지기도 했다.

"아프니까 청춘이다"라는 이야기도 많은 곳에서 패러디되었지만 정말 지금의 기성세대들은 그렇게 아팠었는가? 전쟁의 고통을 겪은 지금의 70대 이상이라면 물론 어느 정도 이해가 가는 이야기이지만 정말 지금의 20대보다 아픈가라고 묻고 싶다.

우선 지금의 청년들에게는 미래에 대한 희망이 없다. 과거와 같이 좋은 직장에서 40년씩 회사와 같이 성장해 갈 가능성도 매우 낮아졌고 같이 성장한다고 해도 본인이 살아 남을 수 있을지 역시 매우 불투명해졌으며 그나마 안정성이 높다고 여겨지는 공채 선발 인원은 매년 줄어들고 있다. 기업의 입장에서도 변화가 많은 시대에서 바로바로 투입 가능한 유동적인 인력구조를 추구하다 보니 과거와 같이 20년씩 한 사람에게 투자해서 기다릴 수 없다.

아일랜드 더블린대학교 필립 오코넬 교수는 양질의 일자리를 강조한다. 2018년 10월 31일 서울신문 인터뷰에서 오코넬 교수는 "양질의 일자리는 최고의 복지이며 기본소득은 절대 대안이 될 수 없으며 기본소득을 소득 수준과 관계 없이 모두에게 준다면 모든 사회의 노동 의지를 꺾을 것이다."라고 말한다.

2020년 6월 9일 〈조승연의 탐구생활〉 중에서

시련 없이 인간은 강해질 수 없다. 하지만 시련만으로 인간은 강해질 수도 없다. 이는 사회가 성장할 수 있는 기회를 청년 세대에게 주어야 하며 청년 세대에게 무상 지원 등은 오히려 근로 의욕을 꺾는 독이 된다. 노년층의 조기 은퇴 장려 정책이나 청년 세대에게 일자리 우선 정책과 같은 결정은 국가가 임의로 진행하기보다는 사회적인 인식의 변화가 우선되어야 한다. 우리는 한번 스스로에게 물어보자. "우리는 우리의 후손들을 사지로 몰고 있는 것은 아닌가?"라고 말이다. 마지막까지 세상을 경험할 기회를 자신이 꼭 쥐고 있다가 지금의 후손들이 50대가 되었을 때 세상을 경험할 기회를 준다면 다른 국가나 사회의 50대들과 같이 경쟁할 수 있겠는가? 이는 경쟁력이 없는 개인이 이끄는 소득주도 성장이 성공하지 못한 것처럼 경쟁력이 없는 기업이나 국가의 미래는 너무나도 자명하기 때문이다.

직업의 종말
— 스스로 강해져야 한다

《직업의 종말》의 저자 테일러 피어슨은 스스로 설계자가 되어야 한다고 주장하면서 창업만이 자유와 부를 가져다주는 길이며 대기업에 근무하는 것보다 오히려 안전한 길이라고 이야기한다. 하지만 테일러의 주장처럼 사회를 이해하지도 못한 채 기업을 경영할 수 있는 시대는 예전에 끝났다. 세상은 복잡해졌고 고도화되었다.

아마도 기업이 모든 물건이 부족하고 비효용이 난무하던 과거에는 작은 효용의 발전을 가져올 수 있는 생활 용품의 생산 등과 같이 생산 시설 기반의 창업은, 본인이 재고자산 회전율이나 EBITDA, 기업가치 (EV), 자본조달 비용(WACC) 등의 복잡한 경영의 주요 지표들을 하나도 몰라도 투자자와 이야기할 수도 은행을 설득해서 추가 투자를 받을 수도 있었다. 하지만 이제는 시대가 달라졌다. 기업을 하고자 하는 자는 기업 경영과 연결되는 각 이해관계자들을 설득시켜야 하며 실무자 레벨에서 확실한 동의와 협조가 필요한 시대이다. 2000년 초 닷컴 버블이 아마도 본인이 생각하는 새로운 기술만으로 창업할 수 있는 마지막이었을 것이며 이미 치킨집 프렌차이즈로 성공할 수 있는 시대도 이미 거의 끝났다.

그럼에도 우리 주변에는 창업을 한 번도 해 본 경험이 없는 정부공무원이 청년 창업 지원 사업이나 청년 창업 지원센터 등을 통해서 성공가능성이 낮은 창업에 많은 지원을 하고 있다. 역대 최대의 청년 실업률이 이어지는 지금의 시대이다 보니 취직이 어려운 청년들에게 취직보다는 창업이라는 자극적인 문구의 포스터도 보인다. 하지만 직장 경험이 전무한 청년들에게 창업을 부추기는 행태가 실제로 젊은이들을 위하는 것인지 아니면 정권 내의 취업률 지표를 올리기 위한 목적인지 의심스러울 정도이다.

20대처럼 사회경험 자체가 낮은 세대에게 청년 창업이라는 미명하에 높은 리스크형 창업을 유도하는 행태 역시 바람직하지 못하다. 물론 창업은 성공한다면 가장 바람직한 행태이고 스티브잡스와 같이 남이 생각하지 못하는 수준의 강력한 아이디어가 있고 본인의 비교 우위를 정확하게 파악하고 있다면 창업은 국가를 위해서도 개개인을 위해서도 너무 바람직한 일이다.

하지만 안타깝게도 많은 경우 20대 창업 중에 혁신형 창업의 비율은 매우 낮았고 일자리 창출 효과 역시 매우 낮았다. 실제 중소기업청의 자료에 따르면 50대 창업의 5분의 1 수준이었고 40대 창업의 5~6분의 1에도 못 미쳤다.

< 혁신형 창업 비중(복수응답 비중, %) >

구분	20대 이하	30대	40대	50대	60대 이상
혁신형 창업	0.3	0.8	1.7	1.5	1.0
벤처 기업	0.2	0.6	1.3	1.2	0.5
이노비즈 기업	0.2	0.0	0.2	0.1	0.1
경영혁신형 기업	0.0	0.1	0.2	0.3	0.4
해당사항 없음	99.7	99.2	98.4	98.5	99.0

< 기술 기반 업종 창업 비중 (%) >

구분		전체	20대 이하	30대	40대 이상
기술기반업종		26.8	25.3	31.8	26.1
제조업		8.6	8.3	7.8	8.7
서비스업	출판·영상·방송통신·정보	1.0	1.7	1.3	0.9
	사업시설관리·사업지원	1.4	1.2	1.4	1.4
	전문·과학·기술	2.2	1.5	2.5	2.2
	예술·스포츠·여가관련	4.5	4.3	4.6	4.5
	보건업·사회복지	3.0	1.6	3.2	3.0
	교육	6.1	6.7	11.0	5.3

자료: 중소기업청 「창업기업 실태조사」, 활용해 HRI 산출.

앞으로의 세상은 고도화된다. 따라서 직업의 성격과 개념이 변화할 것이다. 한국에서도 종신 직장의 개념은 없어지고 변화하지 않는 개인은 도태될 것이다. 본인이 노동의 형태로든 투자의 형태로든 효용을 증가시키는 혁신에 타야 한다. 만약 한국이 부패한 정치 권력 등의 이유로 효용의 길에서 멀어지고 있다면 정치를 바꾸어도 좋겠지만 그게 어렵다면 본인이 전 세계의 정보를 뒤져서 효용이 큰 나라에 가서 자리를 잡아야 한다. 그게 유태인이 지금까지 행해 온 길이고 우리의 선조들이 행한 일이기도 하다.

본인이 강해지는 길에는 크게 두 가지가 있는데 하나는 자신의 노동을 강화시키는 형태이고 두 번째는 투자를 강화시키는 것이다. 유태인은 13세에 자녀에게 성인식을 진행하고 노동과 투자를 빠른 시기부터

효용의 시대가 온다

동시에 연습하고 배우도록 시킨다. 하지만 금융 지식의 수준과 투자 태도 등에 대한 정도를 나타내는 Financial Literacy(금융 문맹률)로 볼 때 대한민국은 OECD 평균보다 훨씬 낮고 심지어는 스리랑카나 가봉보다도 낮은 수준에 머물러 있다.

2019. 1. 28. Arirang News

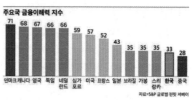

2020년 1월 6일 《조선일보》 기사 중 발췌

　투자에 있어서 왕도는 없다. 다만 본인에 맞는 투자 방식만이 있을 뿐이다. 야구처럼 배트를 짧게 잡고 단타가 어울리는 사람이 있고 삼진 아웃도 많지만 홈런이 많은 사람도 있다. 본인이 차트나 타이밍을 잘 잡는 자라면 짧은 사이클로 꾸준하게 수익을 올려 가야 할 것이고 거시적이고 매크로적인 큰 경제 사이클을 빨리 파악할 수 있다면 보다 긴 스판의 투자 흐름에 따라가야 할 것이며 좋은 기업을 파악할 능력이 있다면 좋은 기업을 빠르게 파악하고 장기간 보유함으로써 본인의 투자 수익을 보전할 수 있을 것이다. 많은 유태인 투자자들은 어린 나이부터 투자를 생활화했고 노동과 함께 투자를 진행함으로써 본인의 투자스타일을 파악하고 미래를 준비해 왔다.

대한민국에서는 경제 교육은 우선 사회탐구영역에서 다루고 있는데 시작부터 역대 최저의 응시자 수를 나타낸 것은 물론이며 나날이 줄어드는 응시자 수와 학생들이 실생활에서 배워야 하는 금융기법, 환율 등과 같은 경제활동에 필요한 주요 내용은 무시한 채 자본주의와 공산주의 등 경제 역사에 가까운 형태가 되어 있다. 이는 임용고시에 경제학의 비중이 낮고 경제학 과목의 정원이 매우 적다 보니 경제학만으로 교원이 되기에는 어려움이 많고 현직 교원 중 경제학을 공부한 비율이 매우 낮기 때문이다. 실제로 현재 교원 중 가장 많은 분포를 차지하고 있는 세대가 남자 중에는 55세 전후, 여성 중에는 55

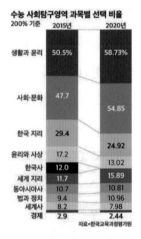

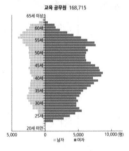

세와 45세 전후인데 여성 중에는 해당 연령대에 경제학에 대한 관심이 낮아 전공하는 비율도 낮았으며 남성 중에서는 경제학에 대한 관심도는 높았으나 남자의 비중 자체도 적고 55세의 전후의 경제학에서는 변화하는 시장과 금융기법 등을 심도 있게 공부하기보다는 자본주의와 공산주의 등 이념에 대한 내용을 공부하던 시대였던 점도 간과할 수 없다. 이런 교육하에서는 아무리 뛰어난 투자가의 자질이 있는 사람도 잘못된 투자마인드로 성공할 수가 없다. 이는 마치 잘못된 코칭으로 훌륭한 타자나 투수가 망가지는 것과 같다.

실제로 아직까지 한국의 많은 사람들이 금융·경제교육의 부재로 헷지와 투기를 구별하지 못하고 본인의 자산관리나 투자 스타일도 파악하지 못한 채 불나방처럼 루머나 테마주에 휩쓸린다.

특히 요즘 광풍이 불고 있는 비트코인과 같은 가상화폐 시장에 있어서도 본인의 비교 우위가 무엇인지 알지 못한 채 무모한 투자가 이뤄지고 있다. 가상화폐 시장은 다양한 정치적인 배경과 국제관계 그리고 발행 등에 따른 수요 공급 등 다양한 원인이 있어 본인이 그러한 투자에 강점이 있는지부터 파악해야 한다. 그리고 무엇보다 시세의 급등락으로 인해서 강제적인 장기투자가 되었을 때 본인이 버텨 낼 수 있는지 역시 중요한 부분일 것이다. 본인의 재정 상태와 투자 대상의 냉철한 분석 없이 "남들이 하기 때문에"라는 무모한 투자는 본인의 미래를 불확실성에 넣는 위험한 행동이며 건전한 투자가 아니다.

실제로 등록금으로 가상화폐에 몰빵해서 큰돈을 벌었다는 글과 '가상화폐로 전세금을 날렸어요'라는 글들이 인터넷에 올라온다. 자금의 용도와 목적을 구별하지 않고 무작정 투자한다면 단기적인 성공은 생길지 몰라도 그 성공은 영원할 수 없다.

앞으로의 세상은 효용을 올리는 기술을 배우거나 효용이 높은 기업에서 일하거나 효용이 높은 기술과 기업에 투자해야 한다. 따라서 무리하게 노동에만 의존하지 말고 시장과 정보에 항상 열린 마음으로 접근해야 하며 본인의 강점과 단점을 빠르게 파악하여 본인에게 맞는 직업과 투자를 끊임없이 공부하고 찾아가는 노력을 게을리하지 말아야 한다.

과거 산업 혁명 이전 봉건제도와 지주의 시대에 산물 중 하나가 장자상속의 원칙이었다. 많은 자식들에게 나눠서 물려주게 되면 땅이 권력이었던 시절의 가문의 권력의 축소를 낳게 되다 보니 많은 국가에서 장손들은 시골의 땅을 물려받고 살았고 차남들은 도전적인 일을 하게 되었다.

대부분의 경우는 낯선 곳에서 새로운 일을 시작해야 하는 차남은 대부분 파산했고 자손들도 결국 지역의 지주인 종손의 원조를 받으면서 살게 되었다.

그러나 산업 혁명으로 봉건제도가 무너지면서 변화의 시기가 시작되자 시골에서 땅을 지키고 살던 장손들은 대부분 가난해지고 서울에 올라와서 새로운 도전을 하던 차남들이 사회적으로 많은 성공을 하게 되었다.

세상도 자연과 같이 계속 흐름이 있다. 도전을 최소화하면서 안정을 추구해야 하는 시기와 도전을 하면서 변화를 꾀해야 하는 시기가 있는 것이다. 변화의 시대를 살던 한국인들이 대기업의 성장과 같이 평화롭게 조직형 인간으로 살고 있었다면 이제는 본인이 효용을 창조하거나 증가시키는 방향성을 가지고 변화에 대응하지 않으면 어려운 시대가 온 것이다.

과학기술의 발전이나 사회의 변화는 필연적으로 피해자를 발생시키며 복잡해지는 사회에서는 지금보다 많은 낙오자들이 만들어질 수도 있다. 항상 언론에서는 혜택을 보는 자보다는 피해를 보는 자를 보여주고 복잡한 세상에 지친 사람들은 까다롭고 복잡한 분석보다는 자극적이고 간편한 정보를 선호한다.

그러다 보니 올바른 분석에는 올바른 데이터만큼이나 올바른 철학과 방향성이 필요하다. 우리는 더 이상 철학에 대해서 많이 생각하지 않는다 하지만 우리의 생물학적인 시계는 과거와 많이 달라졌다. 과거 100년 전의 25세는 사회 생활을 적당히 한 노련한 사람이었다면 지금의 복잡한 사회에서의 25세는 아직 아무것도 모를 수밖에 없는 청년일 것이다. 현재를 사는 우리는 과거의 우리 부모들처럼 자식에 삶에 대한 조언을 하기 어려워졌고 자식 이전에 우리는 우리에게 부여된 자유로 어떠한 삶을 살아가야 하는지에 대해서 고뇌하게 되었다. 이는 아마도 지금의 세대가 테스형(소크라테스)에 열광하는 이유인지도 모른다. 테스형의 제자의 제자인 아리스토텔레스는 그의 저서 《정치학(Politics)》에서 "가장 완벽한 정치적 공동체는 중산층이 장악하는 정치 공동체이며 교육을 받지 못하고 생계에 찌들려 합리적인 사리판단을 할 수 없는 하류층이 많아지면 민주주의는 멸망한다."라고 하였으며 소크라테스 역시 그의 저서 《국가론》에서 "건전한 판단을 할 수 있는 대다수가 확보되지 않은 정치는 참주체제로 변질될 수 있으며 참주는 초기에는 민중의 지지를 업고 화려하게 등장하지만 조금씩 자신의 적대세력을 제거하면서 민중을 탄압하게 된다."라고 말했다.

이처럼 건강하고 발전하는 사회에는 건강한 정신을 가지고 건전한 판단을 할 수 있는 중산층의 존재가 필수적이다. 자본주의 사회가 주도하는 세계 질서 속에서 우리가 강해지는 길은 건강한 자본을 형성한 튼튼한 중산층의 확대이다.

건강한 일자리가 건강한 기업을 만들고 건강한 기업은 지식 있고 경쟁력 있는 건강한 사람을 만들며 건강한 사람이 건강한 국가를 만든다는 기본원리를 이 책을 통해서 사람들이 한 번 더 생각해 볼 수 있는 기회가 되었으면 한다.